顶级 CEO
这样管企业

《蓝狮子经理人》◎编著

ZHEJIANG UNIVERSITY PRESS
浙江大学出版社

图书在版编目（CIP）数据

顶级CEO这样管企业 /《蓝狮子经理人》编著. — 杭州：
浙江大学出版社，2013.10
ISBN 978-7-308-12256-6

Ⅰ．①顶… Ⅱ．①蓝… Ⅲ．①企业管理 Ⅳ．①F270

中国版本图书馆CIP数据核字(2013)第219218号

顶级CEO这样管企业

《蓝狮子经理人》 编著

策 划 者	杭州蓝狮子文化创意有限公司
责任编辑	徐 婵
出版发行	浙江大学出版社
	（杭州市天目山路148号　　邮政编码　310007）
	（网址：http://www.zjupress.com）
排 版	杭州林智广告有限公司
印 刷	浙江印刷集团有限公司
开 本	710mm×1000mm　1/16
印 张	14.5
字 数	150千
版 印 次	2013年10月第1版　2013年10月第1次印刷
书 号	ISBN 978-7-308-12256-6
定 价	38.00元

告别"粗放的年代",一起轻松学管理

吴晓波

整整 100 年前,1911 年,美国人弗雷德里克·泰勒(Frederick W. Taylor)出版了《科学管理原理》,在这本小册子中,泰勒第一次提出了科学管理理念,让管理成为一门建立在明确的法规、条文和原则之上的社会科学。我们所有对管理的认识和理解,都是从这里开始的。

中国人接触到泰勒的思想并不太晚,早在 1916 年,上海的中华书局就翻译出版了这本书,书名为《工厂适用学理的管理法》,翻译者穆藕初是一个年近四十的留美学生,他曾为此几次拜访泰勒,是惟一跟这位伟大的管理学家有过切磋的中国人。更有意思的是,穆藕初的中文版竟比欧洲版出得还要早。

早期的中国,却一直在科学管理上没有取得太大的进步。这个国家实在太大了,人口也实在太多了,法国年鉴学派的布罗代尔就曾经感叹说:"中国市场太大了,大到不需要通过科技的创新和管理的进步,就足以获得财富。"进入 20 世纪 80 年代以后,中国曾经在大力引进日本生产线的同时,引进了日本的一些管理思想,松下幸之助等人的书籍成为张瑞敏们"照本画瓢"的教科书。但是,随着消费

市场的繁荣，管理再次被冷落，人们似乎发现，与其在内部抓成本核算，还不如多开几间销售公司、多登一些眩目的广告。"中国模式"的同义词，是低廉的劳动力成本、低廉的资源成本、低廉的土地成本、低廉的环境成本和"三免两减半"的低廉税收成本，这样的"低廉优势"终于在2008年的世界金融风暴之后被彻底耗尽。

对于今天的企业经营者来说，目光向内、提高各种管理能力——从经营效率、团队素质到管理方法——成了新的、迫切的命题。

这种的情景，我们其实在20世纪40年代的美国、60年代的日本、80年代的中国台湾地区，都一一地看到过。

这便是我们引入台湾《经理人》这本杂志的初衷。当然，对于这本在台湾最受欢迎的管理方法类杂志，我们进行了本土化的改造，除了保留了其中关于"管理方法"的精华之外，还依据主题，每期采访一位内地优秀的企业家或经理人，让他们来现身说法，讲述各自在管理上的"独家秘笈"。

从2012年5月创刊至今，《蓝狮子经理人》已出版了十几期，在这短短的时间里，它得到的来自管理者们的认可和喜爱，已远远超出我们的预期，从中也可看出企业对于"如何提高执行力？如何学会水平思考的技巧？如何增进社交的能力？如何做工作笔记？"这类可操作性的管理方法和技巧，是有多么大的需求。

基于此，我们把其中的内容抽取出来，分主题集结成书，以飨读者。《MBA名师这样谈管理》是多位商学院的管理教授对目标管理、团队管理、区域管理、财务管理、雇佣关系、情绪管理、品牌价值这些具体课题的解读，《顶级CEO这样管企业》则收录了TCL李东生、万科郁亮、青岛啤酒金志国、台积电张忠谋、携程范敏、信义房屋周俊吉、绿地张玉良、港华黄维义、如家孙坚、方太茅忠群、卡内基黑幼龙、施耐德朱海这几位两岸最优秀企业家的管理心得。

相信这些已经被无数读者检验过的内容不至令读者们失望。

接触中国式CEO

《蓝狮子经理人》主编　王志仁

自 1994 年投入财经媒体行业以来，我曾一对一采访过数百位全球知名企业领袖，像微软的比尔·盖茨、英特尔的安迪·格鲁夫、思科的约翰·钱伯斯和甲骨文的拉里·埃里森。其中也有比较低调的，像戴尔的迈克尔·戴尔和思爱普的亨宁·卡格曼。当然，也有后来黯然下台的，像康柏的菲佛和雅虎的杨致远。

能当面访谈这些人，在一些问题上与他们交流，是从事媒体行业最大的附加价值。多年下来，我试图从这些 CEO 身上取样，来归纳分析，究竟领导者该具备哪些特质，或者具备哪些特质的人，能成为领导者。

许多畅销书和管理大师都针对这个命题大加发挥，观点不胜枚举，如 CEO 要有愿景、有执行力、敢与众不同、善于沟通、善于倾听、善于表达、赏罚分明等，可以洋洋洒洒列好几页。

我自己比较后，发现 CEO 很难分类，在 A 身上明显的特色在 B 身上完全没有，他们不可能也不会是看过书或听过演讲后跟着做而成为 CEO。比尔·盖茨就从来不看这类书，他的案头只摆着通用汽车 CEO 艾尔弗雷德·斯隆的自述传记

CEO
序　二

《我在通用汽车的日子》。那些靠着写CEO成功术致富的作家，从未成为成功CEO。

CEO好比指纹，没有两位相同。CEO不像矿物可以定型分类，他们更像植物，得研究什么样的气候和土壤，能长出这类品种，或者想培育某一类品种，需要什么样的气候和土壤，等到对的季节翻好土壤，再把种子撒下去。

目前全球知名CEO多来自美国企业，这一方面源自美国强大的经济力量，另一方面源自美国强势的文化传播推动。这导致"CEO学"等同"美国CEO学"，全世界一窝蜂学美国，忽略了气候和土壤因素。

美国是高度专业分工社会，企业组织尤其如此，在制度和职能设计上，各司其职，有清楚的权责划分和绩效考核。CEO不需要是万能的，企业只要借重他的长处，不足之处有其他职位分担。

对中国企业而言，这只能是一种期特，而非现实。因为社会环境和分工程度方面的落差，在中国，CEO不只是一份工作，还是一层阶级，承担的是家长角色。他们身上的责任更重，权力更大，施展空间却更小，因为太多不需要他们处理的事最终都交到了他们手上。

这注定他们得无所不能，从第一桶金到第一张订单，亲力亲为，在公司每一次重要会议和出差航班上，都有他们的身影，没有人能替代。尽管大多时候他们自己也惶惶不安，但所有人都指望他们给出答案。他们的视野和能力，是公司最宝贵的资产，所有事业都是以他们为核心开展起来。他们是领导者，其他人渴望追随，期待在工作中被启发。每一次领导者的讲话，都被仔细研究，CEO不止经营事业，也在传道。

他们就像带领以色列人出埃及的摩西，在危难时刻还能分开红海，让追随者顺利脱险，抵达先前承诺的应许之地。

但是，听过《出埃及记》故事的，大多会忽略：最后不是摩西，而是大卫王建城后，以色列人才得以安居乐业。摩西和大卫王都是领导者，但任务不同，一位是开拓，一位是经营。以色列人不可能永远寻找新的红海去闯，那是手段，不是目的，他们终究得安定下来。

在商业环境不成熟之时，中国企业的领导者都在扮演摩西，带领追随者走出一个又一个红海。相较之下，基业长青的企业，则是顺利把价值从领导者身上萃取出来，注入到组织，培养强健的体质。

1939 年在美国旧金山湾区成立的惠普，两位创办人都来自中产家庭，在斯坦福大学同窗。他们从工程师的理性和"动手做"的逻辑出发，建立了"车库守则"，，还设立"最佳抗命奖"和"走动式管理"，各类制度不仅规范了企业的运作，更影响了整个产业。

在两位创办人之后，惠普又经过约翰•杨、路•普拉特、卡莉•菲奥莉娜、马克•赫德到目前的梅格•惠特曼等多任 CEO，至今已七十多年。。

过于短暂的现代商业历史，过于活络的经济，决定中国目前会有很多摩西，而缺少大卫王。柳传志、张瑞敏和李东生之后，又有王石、潘石屹和冯仑，之后又有丁磊、张朝阳和马云，但在他们各自的后面，除了杨元庆和郁亮，还少见其他青出于蓝的接棒者。

在这样的土壤里，会长出什么样品种的 CEO？他们经过哪些考验和历练，才能成熟？当第一代创业型的领导者交棒退去，真正意义上的经营治理，才刚开始，也让具备专业能力的新一代 CEO，有了表现的空间。

有一句名言这么说："对于变化，我们需要的不是观察，而是接触。"对中国式CEO也是。

CEO

第一部分

企业长期增长的奥秘

万科总裁郁亮
企业规模越大，管理要越简单

　　万科企业股份有限公司（以下简称万科）成立于
1984 年，1988 年进入房地产行业，1991 年成为深圳
证券交易所第二家上市公司。经过 20 多年的发展，成
为国内最大的住宅开发企业，目前业务覆盖珠三角、
长三角、环渤海三大城市经济圈以及中西部地区，共
计 53 个大中城市。近三年来，年均住宅销售规模在 6
万套以上，2011 年公司实现销售面积 1075 万平方米，
销售金额 1215 亿元，2012 年销售额超过 1400 亿。销
售规模持续居全球同行业首位。

　　郁亮：1965 年出生于江苏。1988 年毕业于北京
大学国际经济学系，获学士学位；后于 1997 年获北京
大学经济学硕士学位。曾供职于深圳外贸集团公司。
1990 年加入万科；1993 年任深圳市万科财务顾问有限
公司总经理；1996 年任万科副总经理；1999 年任公
司常务副总经理兼财务负责人；2001 年起任公司总经
理；1994 年起任万科董事至今；现任万科总裁。

2010 年，万科销售首次超过千亿元人民币，成为全球最大的住宅公司。2011 年，这个数字攀升至 1200 亿 [①]。

对于万科，中粮集团董事长宁高宁曾评价道：如果说万科在中国企业的历史上会留下什么影响的话，我想一定不会是因为万科的品牌，而只可能因为万科自己把自己搞成了一家多元化企业，然后又把自己变回了一家专业化公司。

从狂热回归冷静，这是万科给尚在迷茫中的中国企业的一个宝贵启示：学会做减法。

从 1994 年开始，万科逐步出售旗下除了地产公司之外的其他所有业务，修剪去蒸馏水公司、零售公司、影视公司、广告公司、商业礼品公司等涉及 13 个行业的繁枝茂叶，甚至将最优质资产之一的万佳超市出售给了华润。

轻装上阵的万科于 2002 年开始进入高速增长期，至 2011 年，万科净利润已达 70 多亿元。仅用六年的时间，万科就实现了销售额从百亿到千亿的突破。懂得做减法，让万科在短短十几年后，把那些只知道做加法的同行远远甩在了后面。

会做减法，不仅是经营之道，也是管理之道。

---

① 行业排名第二的恒大集团该年销售额为800亿元人民币。

"不近人情"的用人原则

记者：您可谓亲身经历了中国第一代职业经理人的发展，怎么看职业经理人在中国的成长？

郁亮：现在，中国企业有机会成为全球性的企业，但管理水平跟不上。职业经理人文化和子弟兵文化不一样，子弟兵是跟着打仗，中国子弟兵是最能够打仗的，但职业经理人不是子弟兵。另外，职业经理人解决了柳传志（联想集团创始人、名誉董事长）谈到的问题：把公司当成家。公司不是职业经理人的家，公司的发展有自身的规律，职业经理人满足不了，公司必须把他淘汰掉，否则会妨碍公司发展。把公司当成家是什么意思？照顾他生老病死。公司大了以后，有很多职位可以安排这些事情，但是企业的发展规律和职业经理人的发展规律并不一致。

要把西方的文化，例如法治精神，和中国文化结合在一块并找到突破，需要很多碰撞。职业经理人离开万科就是我们的失败吗？其实这不是失败，不能这么评判一家公司的好坏，这种文化需要引导。如果我追求更多的人留在万科不要走，这样官僚架构会越来越庞大，最后公司承受不了，像柯达那样就破产了。

记者：万科早期在培养这种文化的时候，和中国传统观念产生过巨大的冲突？

郁亮：万科文化里面有两个东西特别关键，其中之一是人文精神，就是对于人的尊重。晋升到了管理层及以上，你的亲属中必须没有人在万科工作。这种不近人情的规定是我们制度要求的，和中国传统不一样。我们对于人的尊重是给人平等的机会，我们担心裙带关系会妨碍公平制度，所以要严格执行这个规定，我们认为这样才是真正对于人的尊重。

记者：这种西化的职业经理人管理制度是从一开始，20 世纪 90 年代就建立的吗？

郁亮：对。因为董事会主席（王石）就是这样，他没有亲戚朋友在万科，我也是一样。这和企业创始人有关，基因就是那个时候确定的。你可以说万科不近人情，给公司造成损失；但是只有这样才能保证对于人的尊重，避免在万科系统中存在裙带关系，给予大家更多的公平。

另外一个关键，可以称之为根基的，就是市场原则，好和坏由市场原则定。我们判定一件事情，不是根据它对万科是否有利来说好坏，而是看这个政策对于市场的健康发展有没有用，对于市场有用，我们就说这个政策好。我们的人事管理也是适用市场原则，我和董事会主席的收入都不在前十位。我们有一个研究员可以拿两百万年薪，因为我觉得那个小女孩很出色，别人挖她，给她两百万年薪，我说我也给两百万年薪。当然不是只针对她一个人，而是以她为代表的团队。她够那个水准了就拿那个水准的工资，这就是市场原则。

记者：内部整个经理人竞争通道，是完全按照市场化的评估标准来的吗？有没有对标公司？

郁亮：我们现在找对标，是找不同的对标。万科股东的结构应该学汇丰。汇丰在上海和香港，150多年的历史，经过了这么多次的战争，你说它股东是谁？不知道。最近十多年来看，香港回归中国的变动它渡过了，亚洲金融危机它渡过了，它现在把银行开到中国的农村去了。在这么多的变化面前，它可以安然无恙，是一个非常好的内部人驱动公司的典型。内部人驱动存在很大的难度，为什么它能够做到？团队问题怎么解决？不是一个人，换一代容易，换好几代做得那么好很难。

从业务发展来看，我们行业应该学制造业。我最近从外边请了两个新人过来，他们在公司调研了一圈回来告诉我，让我亲自下命令：打印要单色，并且双面打。中国制造业成长之路对于我们有特别大的借鉴意义。中国制造业早期也是备受诟病，卖得贵，维修差，为什么能够挺过来呢？为什么占有一席之地了？我们的行业早期就像制造业早年卖电视机，很贵，经常坏，这就是水平问题，他们怎么过来，我们就是怎么过来的。要向制造业学习什么呢？学他们的精细化管理，首先是质量，先把质量做好，中国的商品房还是存在一些质量问题的。在质量做好的前提下再谈服务，早年就算是海尔的服务也是有问题的，一家公司服务很好是优势，但在我看来产品质量好了不需要服务，这才是优势。

公司文化要与时俱进

记者：其实就是新的文化。

郁亮：说到新文化，我们以前是温饱型的小康社会，王石十几年前的收入也只可以买一辆桑塔纳，现在我们到物业公司的办公楼下一看，下面停满了车，也就是说我们的很多员工已经到了有房有车的中产阶层了。接下来再靠什么激励大家呢？以前的目标很简单，我们好好干，早点买车再买房子。现在这些需求已经基本上不成问题，未来又要拿什么来激励员工呢？2011年开始，我们推健康文化、运动文化，我自己给大家做表率。健康是我们的福利，是我们对于员工的关爱。董事会主席提的口号是，在万科工作的人应该健康生活，工作多十年。怎么做到？锻炼身体。万科是唯一一个大公司里面，把体重、体能指标和奖金挂钩的。

记者：这是从哪年开始的？

郁亮：2011 年有基数，2013 年就和奖金挂钩了。体重有一个 BMI 指数（身体质量指数），就是你的体重除以你的身高平方，低于 18 太瘦，高于 23 太胖，过瘦过胖都不合格。体重正常了不代表你很健康，我们会做体能测试，你握力、心脏指数、俯卧撑、弹跳、柔韧度，优良率多少，记录下来。考核以后今年的数据便是基数，明年下来看看有没有提高改善，有提高改善发奖金，没有提高的我不罚员工，罚管理层。因为如果管理层不带头，底下员工是不干的。我推了一年，刚开始半年，也有员工说，你们领导喜欢，就让我们干这些，手头工作一大堆，还要挤出时间拼命锻炼身体，而且有指标。现在公司开始组织跑马拉松，还有足球联赛，已经全面启动了。

我们提倡的运动有三个特点：第一，必须是阳光运动。有人说练瑜伽行不行？不行，不晒太阳。我们白领存在一个很大的问题是不晒太阳，缺钙和不晒太阳有很大关系。第二，必须是流汗运动。我们很多毛病是新陈代谢不够导致的，其实一周有两次运动，每次流汗半小时就够了。运动时心率在（200 - 年龄）×70% 左右是燃烧脂肪最高的效率，低于这个说明运动没有得到很好的效果。心率数据这个指标也和管理层奖金挂钩，而员工因为运动之后更健康了，开始喜欢这个制度。第三个特点就是团队运动。

满足三个特点的运动开展后，最终能达到什么目的呢？第一，员工之间抱怨少了。一家公司的员工中各种性格、各种年龄层的人都有，比如你们两个不同部门，总有业绩考核好坏的时候，你要给大家提供一个让他们在别的地方赢过来的机会。我销售比不过你，但是我可以在运动场上跑过你。第二，提供一个让下级"羞辱"上级的机会。这些运动，老总是必须参加的，最后一名肯定是老总，他们往往年纪最大，运动最少，成绩最差，这样就让下级可以"羞辱"上级了。这样一来，部门之间隔阂少一些，上下级关系变得融洽一些。尤其到了年底，大家健康水平有所提高，真心觉得万科给大家提供了很好的福利。

记者：这样医药费会减少很多吧？

郁亮：我算过账，这相当于把 100 块钱投入每个员工的医疗资源，而且工作效率也可以提高。小型企业不会做我们这个事。万科差不多和李宁公司一样，我们告诉人事部，招新员工要问爱不爱运动。如果不爱运动的人到万科，在这个喜欢运动的文化里面，我们把它当作福利，他却把福利当作了负担，我得不偿失。一个文化的建立要有一套东西连在一起的。

至于万科的职业经理人，这个群体也正在发生变化。现在已经到了以"80 后"为主的时代，而我们的职业经理人有更多的选择，每年年底，万科都有一线的干部调整。我们这么大的一个团队，涉及很多城市的业务，因此人员调整都是正常的，如果不能培养一代又一代管理者梯队，公司不能保证基业长青。

记者：近十年来，副总裁这一级的干部，年龄结构有没有大的变化？

郁亮：我刚做总裁的时候，团队里有很多年龄比我大的，现在，我是团队里面年龄最大的。万科刚宣布就任的上海公司总经理是 1978 年出生的。但我觉得他们这个年龄都偏大了，我 35 岁就做集团总裁了。

记者：现在的高管和 50 多个分公司老总这一级，是外部空降的多还是内部提拔的多？

郁亮：一半是内部培养的，一半是从外面请来的。五年前，我们从百亿展望千亿的时候想到一个问题，我们所有人都跟着万科发展，渐渐从几十亿做到 100 亿，未来还要到 1000 亿，比如我做集团总裁时每年才 24 亿销售收入、2 亿多利润。我们团队都没管过过千亿销售收入的人，我们有没有足够的眼光和能力适应未来到千亿以后的公司发展？所以必须要引进人才。

引进的人才也需要培养。比如万科执行副总裁杜晶，是八年前从中海地产过来的。这八年他取得的成绩是归功于万科的培养还是之前公司的培养，这个界限已经模糊了。

经理人的培养重点

记者：万科本身是文化特别强大的公司，空降进来的这些人，如果和

既有文化有冲突，是怎么解决的？

郁亮：一定会有冲突。我们是建立在西方价值观上的文化，开放和包容是重要的特征。早年万科有一句话：经常把自己放在高处，这样才可以有做大事的胸怀和眼光；把自己放在低处，才能更好地学习别人的长处和优点。文化本身大家是认同的，唯一的冲突在什么地方？老干部和老员工不服气：我们打天下多辛苦，凭什么他们一来就有很高的位置？

很多年前，我有了第一辆保时捷，"新动力"（万科将毕业后进入公司的员工称为"新动力"）说，郁总，我想坐一下你的车。我答应后，公司总部的人却闹起来了，说郁总，我跟你在万科这么长时间，都没有坐过你的车。我说你没有提，你要是提了，我也给你坐。这就是新老员工之间会出现的冲突，不可避免。公司还有很多"潜规则"，可能新来的不太知道。我觉得这些冲突自然就会过去的，你不需要特意帮新人摆平这些障碍，那样对于他未来的发展不利。反过来教育那些老员工的做法也不合适，新老员工在碰撞中自然就会有相处之道产生而开始和谐。我最近总和新人讲，你们认为带来的新文化正冲击万科的传统文化，但是也要想想新文化能不能建立在传统文化之上。

记者：万科内部有没有制度帮助完成经理人的素质培养？在这样的大集团里面成长起来的区域公司的总经理，在成长过程中最容易犯什么错误？

郁亮：经理人当然是可以培养的，总经理也是可以培养的，但是人的性格培养不了。万科在调整区域公司一把手的过程中主要是如何考量的？过去通常是拼绩效，输了就换人。你不能把客户和员工都得罪了，严格管理把员工得罪一年，那没有问题，但两个都得罪了就不行。另外，我会更多地从未来的角度看现在的管理者是不是达到要求，要不要调整。

2011 年，万科评了三个最佳公司出来，这三个公司的总经理都很年轻，都是 1978 年、1979 年出生的。这三个人都不是我们传统上工程、设计、营销专业出身的，但是自身的工作做得很优秀。从未来的角度看，我们如今需要的就是他们这种战略管理、综合协调能力很强的人。

记者：对于综合资源整合能力的要求高过专业能力，这是万科到了千亿级别之后才有的，还是之前公司就有的要求？

郁亮：这种要求在公司突破千亿级别以后更加明显了。万科现在是中型公司，当你处于小型公司的时候，市场空间足够你发展，不需要战略，只要努力发展壮大就可以了。今天我们要转型，得趁对行业影响力还很大的时候，同时还要看准前面的方向才可以成功，光埋头做事是没用的。比如，好编辑并不一定是好作者，你知道什么样的书是畅销书，谁写这类书最好，你可以找到这个人帮你写。万科正处在从未来看今天要不要改变的阶段。我觉得现在的大问题是，如何让那些在枪林弹雨中和万科一起打下天下的人心甘情愿地把自己的岗位交给后面的年轻人，这个将有助于公司未来的成长。现在万科发展壮大了，新进的年轻人需要什么？需要教练和顾问，甚至一些督

导，比如说年轻人在万科人脉不够深，或者需要一些中肯的批评。

我和董事会主席通过交流得出两个人才选择方案。一是从次级的最大公司中选拔，二是从年轻队伍中选拔。我们确立了一个原则，要从未来考虑今天。而平稳发展顺位优势最好，所以从未来的角度来看应该用更年轻的人才。

记者：这些战略性人才，像制造业内部也一样，他很难从基层上来。

郁亮：万科所有总部的干部必须有外放经历后才能提拔，所有一线的区域公司总经理必须在总部有过至少三个月的工作经历才会让你去分公司。另外我们有一个很重要的概念：管理为经营服务，总部为一线服务。现在我们选拔干部还有一个要求，从打赢胜仗的队伍中选拔干部，也就是说，前提是你所在团队打了胜仗。此外，我们对销售业绩还会有一个综合评估，卖楼卖得好，可能是我们设计好，买地买得好，或许是因为价格便宜，所以我们会对各个团队的业绩有一个综合业绩评价。

记者：其实房地产行业和万科都面临重大的转折时刻，房地产行业已经到了微利时代，对自身的管理需求很大。万科从 1984 年成长到今天，也到了第一代职业经理人面临为未来考虑重新配置人才的时刻。两件事挤在一起，是否压力很大？

郁亮：还好，我们压力远远不如制造业，学到制造业 50% 的水平就够了，我觉得空间还是很大的。国内房地产行业六万亿的市场，下降 20% 还有五万亿左右呢，这是一个多大的空间！万科才 2% 的份额，原来是 2.5%。

让 "80 后" 摔打成长

记者：现在很多大公司一线领导都是 "60 后"，面向 "80 后" 这一批青年经理人，从您个人角度来看，您有没有管理心得，或者对他们的一些忠告？

郁亮：我没有任何忠告，我觉得他们会比上一代更出色，不需要忠告。忠告就是以过来人的口吻告诉你应该怎么做，但是两代人之间完全不同。我小时候读书最怕自学成才的老师，非常严格，一定要你死记硬背，我觉得学习不需要这样。年轻人遇到一些挫折，就会调整自己，好比年轻人总对妈妈的千叮咛万嘱咐不放在心上，但是通过自身在实践中的摔打就成长起来了。

记者：万科 20 世纪 90 年代形成的企业文化还适合这些 "孩子们" 吗？

郁亮：万科文化的来源是人文和市场这两个东西，这是不需要变化的价值。"80 后" 更直接，他们会和你主动交流，而不绕圈子，我觉得这很好。问题是能不能抓到他们想要的东西。他们这批人属于有车有房的一代，父母很出色很努力，他们坐享其成，但同时他们又觉得很亏，上一代工作和房子都是分配的。那么，靠什么抓住他们？我认为健康文化很重要，所以才加以推广。另外，我在公司内部鼓励创业的文化。为什么我们提拔干部抓运动文化、健康文化，我们选拔干部从未来看今天？这是要告诉他们公司老同志为他们创造空间了。

记者：刚才说到内部鼓励创业的文化是指什么？

郁亮：过去，万科强调专业化，没有经理人概念。我们说做商业配套，房子盖出来后，最多招几个商家进来就完成工作了。但是你不知道能不能持续挣到钱，没有人想过，这样背的包袱越来越重就会出现问题，我们需要有经理人想这个事。比如我们提出"自存仓"。其实我们物业小区有很多用不到的空间，为什么万科不能租下来，付一点钱，物业还能有一些收入？这个业务在国外也是二三十亿美金的业务。于是我们开展"自存仓"业务，鼓励年轻人接盘，既为客户提供了服务，我们还多了业务，这不叫多元化，是围绕客户服务，等于内部创业，给年轻人提供更多的机会。

记者：像万科这样的企业，内部制度的变革以怎样的方式推导，是以委员会的方式还是靠个人？

郁亮：我们每周一总部的老总有一个碰头会，一起讨论企业从经营到管理方方面面的所有问题。我们内部制度还包括每个月各区域总经理会开一个碰头的办公会，还有每季度所有的一线总经理到总部开季度会。我不主张万科制度化，准确地说我认为这会引起争议。制度再严密，都有过失的地方，有时候会有成文的规章制度也解决不了的实际问题。有一次我要处分一个员工，我觉得他损害了万科的利益。同事告诉我公司制度没有这方面的规定，不能对他进行处分。我说判断这个事情的标准是有没有损害公司利益，而不能看公司有没有这个规定。

记者：处分是怎样的呢？

郁亮：就是通报批评、降薪等。有人认为万科没有相关制度，就不应该进行处分，而我认为万科的核心理念应是不损害公司基本利益。只有制定制度的人清楚制度是怎么变迁的，现在的人根本不知道制度的复杂性，制度是为管理服务的、为经营服务的，制度不是一切。

记者：有很多大公司到了 20 年以后，内部制度不断叠加，对此万科有制度清理的办法吗？

郁亮：我强调的不是清理制度，而是立法的原则。比如，我认为一个人是否负责任，应该以他是否损害公司利益来定。业务上的错误，如果第一次犯，我们一般不处分。万科曾发生过在武汉的住宅区一公里以外有垃圾场的事件，当初卖房前政府准备关掉垃圾场，结果政府没有实行。王石主席为此事跑了三次，我也去了一次，最后处理好了，为此我们要求万科所有的售楼处要把一公里以外有什么东西都如实告诉顾客，并写进合同文本。这么做的目的就是提高大家的思考和辨别力，而不是强调做事情的能力。我一直强调带着思考的执行力。不能光去做，想清楚再做，并且要带着信仰去思考，不能乱想。我们的信仰是人文和市场，要从这两个方面想。

人才储备法

记者：现在培养50多个分公司总经理，万科是有一个评价小组或者委员会机构，还是最终决策层的几个人来决定这个事？

郁亮：我们是协商制度，不是票选制度。首先看业绩怎么样，业绩是一个重要的考虑因素。在这个基础之上，我会征求区域总经理的意见。我和他们讨论人事安排，有需要考虑和调整的，基本上都会提前考虑好。万科所有的人事变动一天就可以完成，因为早就想好了。每个调动都有后备人选，一个岗位出现空缺，马上就有人补上，公司不能停顿。人事部也有很多的讨论，对员工的反映、公司的状况等，都会进行相互的比较。另外，还要考虑我们公司在当地市场表现怎么样，市场份额是提高还是下降了。当然最后拍板的还是我，基本上就是这么一个协商制度。

记者：万科作为行业第一名，这些年也面临一个问题：总经理培养了两三年后，别的房地产公司甚至其他行业的公司会来挖；或者，他们自己也会出去创业。面对这种问题，万科是怎么解决的？

郁亮：面对这种情况，GE（美国通用电气公司）就是我们的对标了。首先，要看我们是否培养了足够的人才。其次，培养的人才在外面如果干得好，这也证明了我们的优秀。万科是职业经理人的文化，不是老板的文化，万科内部培养不出老板，也不培养明星经理人，而是强调团队协作，你要是想成为明星经理人就选择其他公司，这是很简单的事情。

还有一个问题，万科能不能给大家提供更多的发展空间？这是我们的制度安排需要重新考虑的问题。原来我们没有这么多考虑，现在，有想法的人可以进行内部创业，我觉得现在的万科内部应该可以容纳更多的人，并不是大家要出去才能找到更多的发展空间。

记者：对公司业绩不会有影响吗？

郁亮：你看到我们受影响了吗？肯定没有影响。最近主席刚刚从哈佛回来，说最成功的台湾人做到三个"一百"，我听后很感慨。这三个"一百"的第一个就是爬一百座3000米以上的山；第二是跑一百次马拉松；第三是献一百次血。前面两个我可以想到，第三个我没有想到。人才的流动和献血一样，这是好事，不是坏事，可以加快新陈代谢。你要出去，我会祝福你可以做好，我只要有足够人补充上来就可以了。像以前的大家族一样，不分家的结果就是掏空这个"大家"。这是我们需要观念改变的地方，媒体的观念也需要改变，不能觉得有了人事变动就是"地震"。

大公司，管理原则简单才好

记者：万科内部可以接受这样的转化吗？

郁亮：其实文化是从企业内部来看的，你可以观察有没有内部的人说万科坏话，可以说几乎没有。人事问题是不需要太澄清的，有时候也不方便澄清。越大的公司，管理原则越简单清晰才好。万科和恒大比较，恒大拥有2000人的总部，万科总部才180人。为什么？总部是为一线服务的。我们把总部从300人精减成180人，另外120人都去一线，并且合并了好几个部门。以前几个部门总打架，买地归买地，卖楼归卖楼，融资归融资，现在把这三个部门划拨成一个大部门，就解决了这个问题。这一点我从王传福（比亚迪总裁）那里学到很多。我问王传福，你生产线除了玻璃和轮胎都是自己做的，为什么这样？他说，从家用汽车技术来说，过去40年没有重大进步和重大突破，这都是很成熟的技术，中国人不会学不会，而且很多专利都已经公开了。而所有的业务外包以后，唯一"打架"的工具就是性价比，你把这些利润点交给各个分包单位，你怎么赚钱？

我听了以后恍然大悟，我在外包业务的时候，把自己的能力都外包掉了。我开始检讨什么可以外包，什么不可以，不是所有的都可以找人办的。比如我们销售环节可以外包，因为营销需要很多人，而且分布不均。但是营销能力不能外包，客户管理不能外包，客户是万科的，不是营销中介公司的。原先我们都是不加区分的。

记者：原先客户也是外包的？

郁亮：就是请人给我们做这些事情，这样把成本做得很高，我们的能力也丧失了。我们做到千亿规模之后一线需要人，总部则不需要那么多人，所以总部减到了 180 人以后，原来买地、卖楼、融资要和三个部门打交道，现在都属于一个部门，总部内部扯皮也少了。

记者：如果回顾你个人职业轨迹的话，很多人认为由于你本人学财务出身的，管理风格会比较严谨。

郁亮：这是外界对我最大的误解，我并不是学财务出身的，我是北大国际经济系毕业的。我刚来万科的时候做职员，进的就是相当于现在的企划部。当时总部没有财务顾问公司，是我一手创立的。我是管过万科财务顾问公司，做过一些 PE（私募股权投资），所以我做过美的的股东。严格来说我算是投资出身，不是财务出身。现在外界很容易根据我的出身，编造判定我的性格是怎样的。我去年改变形象，正是想告诉大家不要这么简单地给我贴标签。

记者：这等于就是性格培养，当一把手很重要的，除了专业能力，还有他的性格培养部分。

郁亮：领导转型需要更强有力地广而告之。但是我的员工基本看不到我，公司这么大，我每年到各地公司转一转，也不可能见到每一名员工。

我需要改变形象，告诉员工，你们的总裁很有魅力，我也需要社会化自己，让自己的外形显得更有力量。

一把手就要能够受委屈

记者：你自己这样打拼 20 多年，现在回头想，个人成长中有哪些瓶颈点？

郁亮：我在万科 20 多年了，对于我来说最重要的就是理想，这个理想主要是从主席王石那里传承来的。公司很小的时候，我就觉得它的文化很吸引我，当时万科以打造人为主，我这种名校毕业的人不多。后来万科做减法，我是在"减法"的部门里面，如果不是对万科抱有理想，我可能就走了。最后承诺的减法是在我手里完成的，也是我把财务公司处理掉的，我操刀减法还能够留下来，就是因为万科的理想吸引我。

最大的转变就是做一把手的转变，压力很大，比如怎么处理刚和柔的事情。一般做决策，有的时候需要刚，但身段不柔软，别人就会说你太霸道，这样我就得学会委屈自己。我和一些总经理谈话，很多年轻人直接说，郁总，我想做一把手。我说太好了，不过你得先解决几个问题。第一，你愿意委屈自己吗？所谓的公平是靠委屈自己换回来的。比如我早年做总裁，我给一线总经理的收入比给我自己的多，我告诉他们，你们拿的可是和董事会主席王石一样的收入。

第二个问题，委屈以后怎么化解它，委屈不化解自己就会疯掉。不能光委屈，做老好人最后冤死了。怎么化解呢？要学会自我表现，自我激励。平时我就给自己买东西，2012 年买了一辆两万多元的普通自行车，是我在美国网站上看到，直接找到荷兰设计师本人向他买的。另外，我每年会去荒无人烟的地方探险，高山、大海、荒漠对于我来说很刺激、很好玩，每次出去的时候觉得很开心。这些都是化解委屈的方法。

记者：你已经把 2012 年要做的重要事情规划好了吗？比如去爬山、工作和生活上重大的事情，都列出来了吗？

郁亮：登山我一定会先定好时间。每座山都有它最适合攀登的时间。这也是判断一个专业登山者和业余登山者之间的区别。我会选择一座山的最好季节攀登，不会拿自己的命开玩笑。

CEO

附 录

郁亮谈万科的职业经理人文化

1. 职业经理人不是子弟兵

子弟兵是打仗的好手，但职业经理人是领地的专业的管理者。

2. 职业经理人不能以公司为家

公司发展的自身规律，决定了每个阶段都有不同的人才需求，如果职业经

理人满足不了公司当前的需求，公司必须把他淘汰掉，否则会妨碍公司发展。

3. 杜绝裙带关系，是保证对人的尊重

职员的亲属不得在同公司工作，甚至分处异地的不同公司也不被允许，

这种规定虽然听来不近情理，却体现了确保每个人得到公平对待的人文精神。

4. 同心者同路

只有和公司的发展目标"一条心"，才能成为"同路人"。

青岛啤酒董事长金志国
系统力就是核心竞争力

青岛啤酒股份有限公司（以下简称青啤）的前身是1903年8月由德国商人和英国商人合资在青岛创建的日耳曼啤酒公司青岛股份公司，它是2008年北京奥运会官方赞助商，2012年它以品牌价值631.68亿元，居中国啤酒行业首位，跻身世界品牌500强。

金志国：1956年7月生，中国著名企业家，高级经济师，中欧国际工商学院EMBA（高级管理人员工商管理硕士）研究生。先后任青啤一厂厂长助理、青啤西安有限公司总经理、青啤总经理助理兼北方事业部总经理、青啤董事长。

2012 年开春，青啤迎来了两个好消息。

其一，是美国《哈佛商业评论》以《企业如何稳步增长》为题，发表了哥伦比亚大学商学院教授瑞塔·甘瑟·麦克格莱斯（Rita Gunther Mcgrath）的研究及其结果：她以"10 年"和"5% 的增长"两个标准为条件，在全球市值 10 亿美元以上的公司中寻找稳定增长的企业。最后，从全球 4000 家公司中，她只找到了 10 家公司，其中之一就是青啤——唯一入围的中国企业。

其二，《环球企业家》联合益普索（Ipsos）发起的"外国人眼中的中国公司"调查，结果显示，青啤、联想、海尔、华为、中兴等已在海外市场浸润多年的中国企业，依然毫无悬念地代表着中国企业的海外形象。其中青啤更是在美、英、澳、日、韩的"产品使用率"中位列第一。

这家成立于 1903 年的"百年老店"，究竟以何胜出？有人艳羡它对机遇的把握——在适宜的时机并购了足够的工厂，率先实现了全国规模的扩张；也有人将其获得的成就归结为"将啤酒酿造、品牌营销发挥到极致的专业主义"。

在青啤董事长金志国眼中，如今的成功绝非得之偶然。啤酒酿造业的技术门槛并不高，面对众多实力雄厚的跨国啤酒业巨头，以及本土品牌的围剿，青啤团队在一些城市，用近乎肉搏的方式赢得一次次市场争夺战。无怪乎金志国会用"小尖刀"、"狼性"来描述他的一线销售队伍。

回溯 10 年前，金志国从青啤总经理助理（兼北方事业部总经理、西安公司总经理）升任总裁，而这一年，青啤也刚刚完成了近五年的高速扩张，在全国收购了 50 多家啤酒厂。用金志国自己的话说，出任总裁之后，他"在青啤做的主要工作就是消化以前的并购"。这个消化的过程，也正是金志国在企业内部推行管理改革的过程。如何让一个员工近四万的制造企业，维持十年如一日的增长态势？金志国的答案很简单："系统力为王。"

专注才能带来稳定增长

记者：麦克格莱斯教授为企业"保持稳定增长"设置的两个标准是"10年"和"5%的增长"，您认为这个标准算高吗？

金志国：5%的增长，这个标准真的不高，但是近十年，世界格局变化比较快，要保持持续的增长，确实不容易，这才是很多企业难以做到的地方。

记者：这十年中，啤酒行业的成本增长速度也很快。

金志国：对，有压力才会有动力。稍加研究就会发现，不管是社会的进步，还是企业的进步，如果没有压力就会缺乏进步的动力。比如在制度创新这个问题上，无论是国家还是企业，基本上都是在危机中做出创新的。还原到人的本性，如果没有压力，人们会本能地贵族化生存，谈不上进步。所以说当前的局势，无论是全球性的金融危机，还是欧洲或中国的问题，我觉得都能推动整个世界进步。这个槛过了以后，社会仍然是在进步的。

记者：啤酒行业属于传统行业，进入技术门槛相对较低，青啤靠什么胜出？

金志国："好人酿好酒"是青啤的朴素价值观，从原料筛选到酿造工艺的每一个环节都精益求精，也都体现出了青啤人对于产品品质的一贯追求。比如，酿酒用的大米必须是脱壳三天之内的新鲜米、一只酒瓶子要洗30分钟才算合格。常言道"慢工出细活"，我们的员工在各自的岗位上，认真而有条不紊地完成着酿酒的每个环节。专注，凝结成了企业稳定增长的品质。

记者：作为百年品牌，青啤的创新动力来自哪里？

金志国：定力智慧和选择智慧。青啤根据环境和自己的不同成长阶段去脱胎换骨，我们一直专注于做好啤酒主业，具有定力智慧；但是又在不断地变革、适应，才有了"一杯酒做一百年"且依然保持鲜活生命力的企业。

我们以责任先行的理念作为企业持续发展的前提，认为企业与员工之间是良性互动的和谐关系，通过做大"企业"把"人"做大，通过做大"人"把"企业"做大，不断创新人才理念与战略，制定了多元化的"外具竞争力、内兼公平性、体现个人价值"的薪酬管理模式，将有形资本创造的价值向人力资本创造的价值转化，让员工分享到企业发展的成果。

而所有这些管理理念，都来自于青啤不断求变、创新的企业文化。正如麦克格莱斯教授在报告中所指出的，对于企业文化的基础性作用，没有人会怀疑，但是拥有成熟的企业文化，且真正融入企业运营的依然不多。这也是想实现稳健增长的企业要迈过的重要关口。

收购后的必经之路——整合管理体系

记者：青啤从 1996 年开始大量收购工厂，七八年后在全国拥有了四五十家公司，消化的压力大吗？化解的方法是什么？

金志国：青啤现在在全国已经有了 50 多家工厂，各地的消费者也都能在当地喝到新鲜、地道的青岛啤酒。这是我们整合的成果，但这个过程用了近 10 年。扩张运用的是资本的力量，可以一夜之间收购好几家工厂，青啤曾一个星期内收购过三家啤酒厂，速度非常快。但整合很难，吃下去容易消化难。

因此，企业在吸收的同时也是消化的过程、转化营养的过程，这是第一点。第二，产能吸收之后要在市场之中释放出去，这也是一个系统。第三，企业的抗风险性，也就是你的免疫系统如何。免疫系统很多来自于企业的忧患文化，企业要对自己的身体健康进行管理，不能有病再治。

很多人在收购企业的过程中，把企业当"麻袋"，收购一家企业就装在里面，然后告诉大家，你看我们有一麻袋了。实际上，这只不过是收购企业在"麻袋"里和"麻袋"外的区别。如果麻袋里的"土豆"们不能整合成一个"土豆"的话，这种扩张是没有任何意义的。企业必须用自己的文化，用自己的管理体系，真正整合出规模效应。

记者：这么多家工厂分散在各地，在产品质量上怎么通过管理做到一致？

金志国：同样的品牌，因为产地的差异，在口味和口感上会大相径庭，但是这个问题可以通过技术手段来解决。2002年的时候，我们就绘制出了青岛啤酒的"DNA图谱"，这是通过对214种物质的定性分析和174种物质的定量分析获得的，解决了这个问题，异地复制青啤就变得简单了，所有工厂生产的青啤在口味上就能保持一致。

记者：青啤现在的组织模式是怎样的？

金志国：我设计的组织模式叫"大系统、小尖刀"。"大系统"就像身体一样，由五脏六腑组成，手脚就是我们的"小尖刀"。每把"小尖刀"快速出击，然后"大系统"再整合推进。

青啤几年时间内收购了那么多工厂，如果不整合，不变成一个"大土豆"，还停留在袋子里的"土豆"跟袋子外的"土豆"的区别程度上，那就是规模不经济。"大系统、小尖刀"的组织模式就是要合理分工，科学划分职能、权力、管控节点，不让营销公司单兵作战。

规则规范打通大系统"血脉"

记者：好的管理，是否有赖于好的结构和流程设计？

金志国：对。遇到"一抓就死，一放就乱"的情况，该怎么办？要靠流程，设计好轨道和规则即可。

如果我们的五脏六腑经络不通、气血不活的话，就会表现出四肢无力、体力不支的现象。同样，大系统也必须通过规则打通"血脉"。青啤通过聚焦大系统，整合全国50多家生产单位和遍布全国的营销机构，分立营销和制造两大中心，在产品品类创新、产品卖点提炼、产品销售组合、渠道规划、营销团队、经销商管理、运营流程等方面实现规范。而在市场营销和通路拓展等微观运营方面则聚焦于"小尖刀"。

真正有效的"大系统"，其价值在于简化一线职能、为一线提供整体解决方案。比如，就市场而言，我们的"大系统"建设应当做到：通过高端营销精英对整体市场的谋局、布局以及对局部战役市场竞争形势的判定和营销策略的制定，合理配置品牌、人力、财务等各项资源，并在这个基础上拿出整体作战方案，交给前线的销售人员去执行。但是，目前在市场营销"大系统"建设上，我们还存在没有对区域市场形成统一的解决方案和统一的目标设计，没有先完善制度、规则就实行分权等问题，也还存在

着以销售为导向的所谓价格战。

记者：就管理体系来说，青啤年销售量从 100 万吨到未来的 1000 万吨（青啤的销售目标为 2014 年突破 1000 万吨），青啤的组织框架会产生变化吗？

金志国：会有变化。就算外部环境不变，我们也得变，因为所处的成长阶段不一样。以前老百姓有句话叫"一个羊牵着走，两只羊赶着走，一群羊看着走"。创业时期的领头羊可以牵着走，当公司做大了之后，就要站到更高的地方，居高临下地看着，这样才会很清楚地知道未来发展的方向和路线。

我们内部的组织构架和国外大公司已经近乎一致，很多中国企业做不大，或者做大就死，其实归根结底是因为缺乏系统，所以我一直强调要建设系统力。

系统力决定企业能否基业长青

记者：可否具体谈谈系统力？

金志国：什么是系统？以人为例，五脏六腑就是系统，而胳膊、腿就是执行力，但胳膊、腿本身是没有力量的，它们只是工具，它们的力量来自于系统，来自于系统供给的血液、提供的信息。当你的心脏出了问题，你的手、脚是没劲的。为什么叫"大系统、小尖刀"呢？意思是，你的身体素质要好，你的胳膊、腿才有力量，这是"小尖刀"。

之所以强调这个系统建设，就是因为一个人的内在功能，如供血系统、供氧系统等要强，气血要活，手脚才有力，才灵活。企业管理亦然。道理就是这么简单，不用搞得太复杂。公司的职能部门也可以参考人体结构，进行系统化建设，人的消化系统、免疫系统、供血系统、解毒系统等，把这些系统都健全了，就形成了"大系统"；而业务部门就是手脚。

机制怎么建呢？往上的机制要简单，你看人的胳膊，就只有三个关节；往下的机制要灵活，比如手指，就好比是办事处，你看指关节这么短，这几个关节，必须灵活。前边要灵活，后边是规范。管理一个企业和管理一个人其实是一样的，你把自己弄懂了，逻辑弄明白了，做事的方法也就理顺了。

记者：这是仿生学，可以由此建立一个结构健全、合理的企业？

金志国：对于如今的中国大部分企业来说，硬件上，外国企业有的我们都有了，但是内涵上有差别。就像人一样，同样是有鼻子有眼，结构都一样，但是内涵可以大不一样。

系统力是很难模仿的，"点"好模仿，"线"好模仿，但"面"很难模仿，因为牵扯到平衡力。就像卫星上天一样，三位宇航员在天上，上千个人在下面为他们服务。核心竞争力是系统力的配合。如果只有几位优秀的航天员，回收系统不行、发射系统不行，或者提供天气预报的系统不行，都不会成功，这就叫系统力。

记者：青啤用哪些具体举措来打造系统力？

金志国：原来青啤的基础理念是生产导向的，市场是模糊的，产品是单一的。现在，我们的经营理念是"为消费者创造快乐"，市场清晰了，产品整合分品类了，资源也得到了改善。

在运营体系层面，我们以供应链为主线，以两个运营中心为主体，以信息化为平台，搭建了一个跨组织边界的、从采购一直到终端的供应链系统，并且不断地进行有次序的优化，从而实现高效率和低成本。在管理体系上，我们有风险管理、战略管理、业务管理、时钟管理等一整套体系。我们的企业文化，是在"成为拥有国际影响力品牌的国际化大公司"愿景的使命推进下的文化体系。

系统力外化在市场竞争中，体现的是精准、有序、迅速、创新等元素。譬如精准，有了管理体系对费用的管理，你的费用投放到市场上，就会避免狂轰滥炸式的粗放经营，而是充分体现它的精准度，该投到哪里，该产生什么效益，是一颗子弹消灭一个敌人，而不是十颗子弹甚至加上无数炮弹才消灭一个敌人。这些，都是企业系统力所提供的强大动力。所以，系统力决定着企业的竞争力，决定着企业是否能真正基业长青。

人才机制的改革方向

记者：您有没有比较过，像青啤、华润啤酒等企业的一些中层干部，跟英博啤酒集团（Inbev，全球最大啤酒酿造商）或英国南非米勒酿酒公司（SABMiller，全球第二大啤酒厂）的中层干部相比，有什么差异吗？

金志国：我们的中层干部在做事的专业化程度上还需要提升。奉献精神、忠诚度，这些都没问题，我们的中层干部在青啤干得很开心，而且也认同公司的文化，虽然会比其他企业同层级的管理者更忙碌，休假可能也少一些，但他们喜欢自己的工作环境，乐于在此奉献。但是我们的管理人员的专业化程度还不够。

这几年我们企业正加速变革，准备进入国际市场，大集团一定要往更专业化的道路上走，也就是说，公司高层一定要是通才，中层一定要是专才，下面的基层，可以有各种"才"。所谓人才不是说没有缺陷，只要是"才"，就应该放在合适的位置上。我的手下有怪才、偏才、鬼才、专才……八仙过海，各显其能。但是我要管理这些"才"，我必须是个通才。如何把这些"才"用起来，才是管理层的本事。

记者：青啤在选择高层管理人员时，最注重的是哪些方面的素质或能力？

金志国：统领能力。而且统领不能靠"权"，而要用"威"，这种"威"

就是你能够把他们带到什么地方去，以及你对待他们的公平性的体现。

市场经济本身也是有规则的，我觉得普通员工也好、企业家也好，每个人都需要一点制约。人的天性和本质都是有惰性的，而且人人都有欲望，所以离不开制约。正因如此，我上任后要建独立董事制度，并建立法律部、审计部，对监事会也尊重有加。我这是要给自己找一些约束，不让权力无限地被放大。青啤能有今天，重要的是靠公平、透明的规则。

记者：为了能在2014年实现"千万"目标，青啤管理层提出，要对激励机制和人力资源管理机制进行创新，能否详细说说这些创新举措？

金志国：大马拉小车不行，小马拉大车也不行，这是个平衡问题，平衡就要用机制来实现。

比如，在人才这个问题上，我们要建立一种投入产出比的概念。比如，给员工设计的激励机制，是让他的"智本"得到回报，而不是公司给他的施舍，他增加的不是公司的成本，而是资本。不是只有投入的货币资本要有回报，投入的智力资本也需要有回报。货币资本本身是不会增值的，它必须在智力资本的作用下才会增值。

我们会把增量中创造出来的东西跟员工分享，这是一种公平。现在为什么会有那么多的不公平，因为很多人不是靠能力活，而是靠权力活。国有资产流失，几代人积累的东西，谁也不应该把它占为己有。所以我从来不在存量上动脑筋，我只往前看，不往后看。我可以去创造成长分享，但是我不能去瓜分过去的积累。

创建学习型的组织

记者：当企业越来越大时，管理难度也会迅速扩大，信息的传输会减慢、阻隔、失真，到了执行层面时，很可能就会出现偏差，青啤在这方面有解决方案吗？

金志国：这叫"大企业病"，而且企业越大，问题会越容易隐藏。除了合理授权等制度设计，我强调要使用好的管理工具。我们内部现在有一个 KM（Knowledge Management，知识管理）平台，是一个非常实用的自己开发的工具。

记者：可以详细介绍一下吗？

金志国：KM 的设计初衷，是要搭建一个知识管理平台，鼓励员工在一个共同的平台上"共享"、"贡献"他们的知识，比方你可以分享酿酒工艺的改进技术、啤酒的文化、新的营销技能、工作方法改进等。青啤有一百多年的历史了，有大量的知识资产，但一直缺少共享平台，要不就是比较分散、不连续的收集和整理，企业有很宝贵的知识资产需要传承，而且学习型组织的创建也一直缺少相应的管理机制支持，所以我有做知识管理平台这个念头很久了。2006 年的时候，我们大概有了方向，然后决意

去做，用了差不多两年的时间，搭建了这个覆盖总部和大部分生产单位的KM平台。

但我们没有想到的是，KM平台也能帮助我们及时发现问题。比方说，我们要求每个区域的季度销售报告要上传到平台上来，这样各区域就可以对比其他区域的业绩和做法，反思自己的作为。如果业绩比别人差，差在哪里，促使他们去查找原因。

记者：这很特别，对很多企业来说，发现问题都很困难，更别说要去主动纠正问题。而且还可以促进内部竞争。

金志国：对。这也是一开始设计这个平台时没有想到的作用。我们一开始想到的只是知识的共享和传承，就是怎么样复制知识资本。比如说公司的一个公关人员，他可以把他的智力公关体系通过平台让大家了解、学习。他可以把这些智力资本投资在这个平台上，这个平台就叫知识资本的交易市场。这是个交易市场，交易的是知识、经验、标杆等内容。

记者：这些知识怎么分类？

金志国：很简单，就像市场有小商品市场、建材市场、服装市场之分一样，我也可以分不同专业领域建专业频道，跟部门嫁接起来。

记者：知识共享越积越多，企业从中受益的除了前面提到的发现问

题、促进内部竞争，还有哪些重要的影响？

金志国：我们的管理效率在提高，这跟无纸化办公有着类似的道理。在 KM 平台之前，公司已经有了 OA（Office Automation，办公自动化）和 ERP（Enterprise Resource Planning，企业资源计划）系统，可以通过网络平台提供信息，员工可以直接上网获得，不用再通过一个个的人去查找、申请、获得，简化流程。这对工作效率是很大的改善。

而知识越积累越多的时候，KM 平台就会成为青啤的一个学习平台，新进员工可以通过浏览学习迅速获得对公司的了解和相应知识的掌握，包括大到公司所有的东西，小到你个人所在岗位应该有的，以及别人在这个岗位上留下来的案例。而且不同部门的人也可以通过其他部门的分享学习到更多的知识，人力资源可以知道企划的事，企划的人也可以知道公关的事，你要想学都可以学。大家互相学习。

开动群众的智慧

记者：信息共享也应该有一套原则设置的吧，什么信息可以发布，什么信息不可以？

金志国：有一套这样的发布规则，而且每个部门都有一个 KM 平台管理员。不同级别、部门的员工有不同的查看权限，如果有些信息比较机密，不适合全公司查看，就会在发布的时候设置查看权限。

记者：员工在这个平台上活跃吗？

金志国：比我们最初想象的要好，于是我们将 OA、ERP 系统都兼并到这个平台下面来了。平台上比较活跃的是来自工厂系统的员工，他们平时会跟大家分享一些自己的小改革、一些改进效率的方法，这种分享很好，大家也很关心这个。过去师傅带徒弟是一对一，现在一个师傅可以带 N 个徒弟。

记者：这个系统会跟现实中的绩效考核挂钩吗？这一套机制设置是怎样的？

金志国：目前还没有针对个人的绩效考核，只是有些虚拟的积分和级别划分，比如学士、博士等，到达一定积分就可以升级。另外对部门会有一个象征性的评比，比如年底的时候哪个部门的知识贡献度高，就会给他们在评选优秀小团队的时候加分。其他的机制也还在探索。

记者：这个系统帮助提高了企业的"智力资本"？

金志国：对，本来是管理知识的工具，现在成了通过分享知识来管理企业的工具。

这个平台的自我生产能力很强，因为每个员工都变成生产者了。在这个交易市场中，每个人都既是购买者也是提供者。当时我们说要建立学习型组织的时候，一提出这个口号，大家都以为是读书看报，其实不是，我们现在的 KM 平台就是学习型组织，它能交易起来，能流动起来，它有投入产出的概念。

现在我们叫它 KM 知识管理系统，实际上它还是一个智慧系统。你想要学习的内容 24 小时都在线，不需要把大家集中起来。后者需要很高的成本，特别是时间成本，而且集中培训给他的营养，还不一定是他需要的。

记者：对，青啤全国有 50 多家工厂，总部在青岛，要是出现一个问题就组织起来开会，那成本太高。这个平台可以提高效率。

金志国：中国的企业有个毛病，就是不容易相信群众。"领导是最聪明的"，这已经成了思维定势，很少有人想到要开动群众的智慧。青啤现在有四万人，怎么管理？怎么把工人都变成知识员工？怎么来培养干部？怎么增加员工的企业认同感？不能仅仅仰仗于一个企业领导者的头脑。有为才能无为，我把这个"为"做好了，我就能"无为"了，员工可以自我学习。

还有个普遍的问题就是不相信工具，很多企业的领导人都是口号型的，强迫下属跟自己一起喊口号，但是没用。工具还是很重要的。

KM 平台这个管理工具也可以看做是青啤这个"大系统"的"小尖刀"。而核心竞争力，是"小尖刀"和"大系统"的配合。

CEO

附 录

金志国的管理哲学

1. 从管"兔子"到管"骆驼"

青啤目前正面临管理方式的革命性变化，就是从兔子型向骆驼型转变。骆驼型是依靠公司内部各部门、各环节之间在战略指导下和充分沟通基础上通过价值链预算管理体系来实现工作的相互驱动，每一个环节都在一推一拉中向前运转，分工协作，互为客户。

	"兔子"管理法	"骆驼"管理法
适合对象	规模较小的本土企业；创业阶段企业	规模庞大的跨国企业；成熟阶段企业
管理重心	战术管理，注重策略与利润	战略管理，注重市场占有率、大投入、大产业
驱动力	个人驱动	系统驱动
管理分工	运营层面的事务，如成本、效率、执行力等	治理层面的事务，如管理结构、机制等

2. 七层系统力

系统力，由七层基础构建而成，概指企业整个系统的文化力、管理力和运营能力的化学反应。

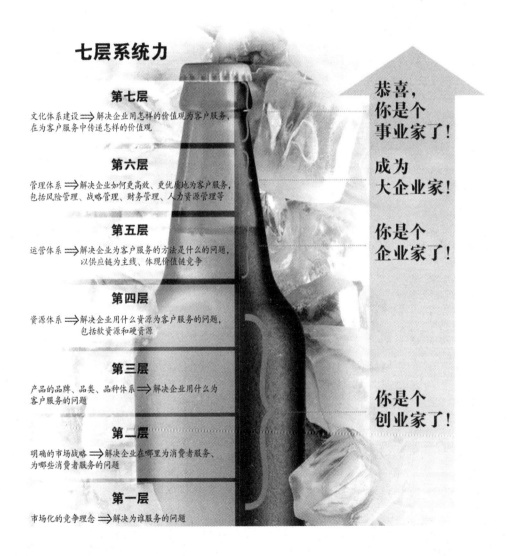

七层系统力

第七层
文化体系建设 ⇒ 解决企业用怎样的价值观为客户服务，在为客户服务中传递怎样的价值观

第六层
管理体系 ⇒ 解决企业如何更高效、更优质地为客户服务，包括风险管理、战略管理、财务管理、人力资源管理等

第五层
运营体系 ⇒ 解决企业为客户服务的方法是什么的问题，以供应链为主线、体现价值链竞争

第四层
资源体系 ⇒ 解决企业用什么资源为客户服务的问题，包括软资源和硬资源

第三层
产品的品牌、品类、品种体系 ⇒ 解决企业用什么为客户服务的问题

第二层
明确的市场战略 ⇒ 解决企业在哪里为消费者服务、为哪些消费者服务的问题

第一层
市场化的竞争理念 ⇒ 解决为谁服务的问题

恭喜，你是个事业家了！

成为大企业家！

你是个企业家了！

你是个创业家了！

　　如果把构建这七层系统力的基础比作盖大楼，那么，每一个单独的模块都是一股力量，但是能不能形成统一的合力，需要有一个凝固的物质在其中起作用。

　　如果我们把管理体系比作钢筋，把其他的比作沙子、石子等，那么，文化便是凝固这些物体的水泥，只有钢筋水泥凝固在一起，才有力量。

　　你的品牌有没有吸引力，这表现在你的文化上；你对内有没有凝聚力，大家愿不愿意形成一个团队，愿不愿意协作，同样体现在文化上。所以，文化是企业系统力的灵魂。

卡内基训练大中华区负责人黑幼龙
坚守价值观，创造更长的成长波段

卡内基训练创立于1912年，是世界性企管训练的领导品牌，在全球各地帮助企业、组织，发挥人力资源潜能，增强企业竞争力。它在全世界超过86个国家和地区设有分支机构，并拥有一致的教学内容与品质，以30种语言提供专案服务，毕业学员超过800万人。《财富》世界500强企业中，超过425家企业长期使用卡内基训练，《卡内基沟通与人际关系》是超过70年的全球畅销书。卡内基训练由黑幼龙先生于1987年引入中国，在我国台北、台中、高雄、上海、青岛、苏州、杭州等地设有分公司。

黑幼龙：卡内基训练大中华区负责人，幼龙企业管理顾问有限公司负责人，华文卡内基训练的创始者。他自卡内基训练中创新设计出的青少年及大学生卡内基训练，现已成为全球一枝独秀的培训课程。

在台湾企业代理的众多国际品牌当中，能经营出世界第一的，只有两个团队：一个是经营 7-ELEVEN 的统一超商；另一个，则是台湾卡内基训练。

台湾卡内基训练连续创下 13 年业绩第一，台湾平均每 100 个人中，就有 1 人上过卡内基训练。

"在卡内基训练教课，完全符合我的兴趣、专长和价值观。"黑幼龙说。25 年前，他放弃宏碁 (Acer) 副总的高薪职位，突破盗版、外汇管制等重重难关，主动争取代理这个人际沟通课程的第一品牌。他的性格细腻而温暖，总是能观察别人的优点，再不露痕迹地给予赞美；他的记忆力奇佳，20 年不见的学员，他依旧叫得出名字，使人感觉十分受重视；他说故事、写书，使卡内基训练的品牌深植人心。说黑幼龙是卡内基信条的最佳实践者，当之无愧。

从一个人信念的传播，到带领一个组织做到世界第一，未曾被解析的组织密码，究竟是什么？

第一，是找对的人。台湾卡内基训练的讲师，都是这套助人成长、改变的课程的忠实信仰者。每一位都是从上课的学员、义务辅导学员的学长开始做起，最后还要通过讲师认证。

第二，是打造对的环境。多数讲师都有兼行政职，白天，他们依照"不批评、不抱怨、不责备"的卡内基原则来沟通互动；晚上，则言行一致地把这套价值观教给学员，不会阳奉阴违。

第三，是对的价值观。25 年来，台湾卡内基训练曾遇上两个成长的大好时机点。第一个 10 年，领先全球首创"青少年卡内基训练班"，每年暑假学员超过 5000 人；第二个 10 年，在 2000 年跨进大陆，为超过 600 家大型企业提供课程。即使利字当头，黑幼龙仍坚守教学质量，在别的国家代理商向别的管理顾问公司"借讲师"时，他却宁可让学员候补，有多少讲师开多少班，反而创造了更长、更久的成长波段。

工作能与兴趣、专长与价值观结合，黑幼龙是值得羡慕的；然而，要结合一群兴趣、专长与价值观相同的人一起工作，领导者必须创造一个价值观可以被实践的环境，并在挑战来临时，坚守原则。台湾卡内基训练的发展历程，就是从一个人到一群人的信仰实践历程。

兴趣、专长、价值观，重叠越多越好

记者：2012 年是台湾卡内基训练成立的第 25 年，你也已经 72 岁，仍在第一线授课。你是如何维持工作热情的？

黑幼龙：曾经有人问电影导演杨德昌："你什么时候退休？"杨德昌说："如果你指的'退休'，是指可以去做自己喜欢做的事；那么，我从大学毕业时就'退休'了！"因为他大学学的是自动控制，却从没做过计算机方面的工作。我没这个福气，直到四十几岁才"退休"！（笑）

20 世纪 70 年代，我在休斯飞机公司（Hughes Aircraft）做了七年；80 年代，我在宏碁担任副总，当时，我只把工作视为一个"活"。但做了卡内基训练后，开始有很重大的改变。

有一次，我在瀚宇彩晶股份有限公司连上三整天课。一个休息空当，一位主管问我："黑老师，你怎么看起来像是第一次上课，这么有热情！"她这句话给我很大的肯定，表示我虽然已经 72 岁、教学 25 年了，但是对工作还是很投入！

如何每天都很有热忱地去工作？第一点，这个工作是不是你最感兴趣的？第二点，这个工作是不是你的专长？第三点，这个工作是否符合你的价值观？在卡内基训练教学，完全符合我的兴趣、专长和价值观。这三方面重叠得越多，你工作起来就会越快乐，越有成就感，也会越做越好。

记者：你是如何发觉自己对卡内基训练的热情的？

黑幼龙：1985 年冬天，我在美国。我太太在报纸上看到一篇文章在讲"卡内基训练如何改变底特律汽车城"。她当场告诉我："这就是你最喜欢的工作。"我们找到电话，随即跑到卡内基训练在洛杉矶的办公室，表示要把它引进台湾。其实，对方只是代理商，但他还是给了我一个人名和电话号码，要我打去纽约总部问。

没想到，这个人竟然就是卡内基训练总裁！他一听说我来自台湾，就开始抱怨台湾不重视著作权，盗版卡内基训练丛书非常盛行。但我不愿意轻易放弃，于是要求去与他见面谈，他同意了。

就这样，我坐上红眼班机（red-eye flight，指深夜至凌晨飞行的航班），在清晨飞到了纽约；从没在美国长途开车的我，租了一台车，开了两个小时到卡内基训练总部。一见面谈，气氛就不一样了，他同意让我回台湾试试看。没想到，这两个多小时的车程，决定了我人生往后 25 年的命运。

然而，等我回台湾之后，这个合作案却冷掉了。原来，当时台湾由于外汇管制，权利金汇款困难，美国总部想放弃。我只好硬着头皮，一个一个去拜访"经济部"、"中央银行"、"交通部"、"经建会"在投审会的代表。有些官员的态度很冷淡，认为这个课程没有用；我的朋友也浇我冷水，说没人愿意花一个月薪水去受训。我都没有放弃，最后终于通过了！

但是，八字还没一撇呢！美国卡内基训练总部要求我专职经营，并且去美国受训一年。我才知道，原来之前也有人想代理卡内基训练，都因为无法专职经营而放弃。我那时有工作，还有四个小孩，怎么办呢？我只好破釜沉舟，去美国受训。一年后，我把英文版的教科书海运回来，终于可以开始授课了，没想到竟遇上台风，摆在报关行里的教材，通通都淹掉了！所以，我干脆直接翻译成中文，一开始甚至还没有正式手册，都是用影印的。

尽管困难重重，但我对有热情的事不会轻易放弃，还是把它做起来了！

营造"找优点"的氛围

记者：25年前，卡内基训练一套课程两万元新台币，以当时的收入水平，价钱算是满高昂的。你是如何把一个无形的商品销售出去的？

黑幼龙：我很幸运，引进卡内基训练之前，台湾就已经有了卡内基训练的盗版书，所以不是从零开始；同时我本身有些知名度，曾担任企业高级经理人、主持过节目，所以媒体会有报道。但发展得越来越好的真正原因，还是因为训练有效果。

第一班，有个学员是台湾大学电机系教授。课程结束后，他太太打电话给我："有效果了！他现在有笑容了！"第二年，有个学员是花莲"地检署主任检察官"，他在毕业典礼时说，以前有人找他演讲，他一律推辞，开会时也坐在最后面；现在，只要有演讲邀请，他一律答应，开会也勇于发言了。

更多的案例，是关于家人关系改善的。在大陆有个学员是一家台湾电子厂的厂长，跟父亲有些误会，几十年没讲话；但因为卡内基训练中有个作业，希望学员能修复一段关系，于是他就打了电话给父亲，两人都在电话里哭了。

甚至，有一个台湾主管上课之后，他的总经理、董事长发现了他的改变，也来上课，最后干脆要我们去他们公司里开了两三个班！

当这种故事多了，口碑也就有了。

记者：你认为，是人们想改变了，才来卡内基训练？还是来了卡内基训练，才被改变？

黑幼龙：两种都有。有些人是公司要他来的，有的人是自己想来的，但80%的人上完课都有改变。其实，卡内基训练从没要学员去改变，我们只是提供一个氛围与环境，使人愿意开始改变、愿意做更好的自己。

哪几点会促成改变？第一，我们从小的教育，父母、老师都是告诉孩子哪里不对，开始工作之后，主管责骂下属也是理所当然。但是，卡内基训练12周的课程，都是在学员身上"找优点"。每个人上台讲话时，讲师都要找出优点来赞美；讲师的赞美加上同学的掌声，十几次下来，学员就会觉得"我还不错、我愿意变"。

卡内基训练课堂上的大多数时间，都是同学分享，所以一班只能有三十几个人，少了就没有群体动力，超过四十人就无法一一上台演练。多数的教育训练都是讲师在台上讲道理，上到最后人数越来越少，而卡内基训练的毕业率则高达90%以上。

我们常开玩笑说，卡内基训练开课时有三种人：一种是被公司送来的"人质"，一种是来"休假"，还有一种则是来"学习"；但是当课程进行三分之一后，大家都会变成第三种人！（笑）

再造才会有新生

记者：你做的是国际品牌代理，但"青少年卡内基训练班"却是台湾首创，你是如何观察到这个商机的？

黑幼龙：刚开始的前两年，卡内基训练班只有成人班。直到1989年，有天晚上我经过办公室的走廊，发现有个妈妈在看公告栏。我问她："你对卡内基训练有兴趣？"她说："我们这把年纪，已经江山易改、本性难移了。你们为什么不办青少年班？"

我想了几个月，决定向美国总部提出这个建议。一开始，总部觉得不可能成功，所以不赞成。但我还是继续写信，当时还只能用传真，传了两三次，他们终于同意试办。

于是，我们写了一封信给这两年的毕业同学："今年暑假要办青少年班，欢迎你送家人来！"结果第一班很快就满了！第二年暑假，台湾各地就开了八个班！当时我们没有网站、也没做广告，完全就是靠口碑。

现在每年暑假，两岸大约有近5000个青少年学员。中国父母特别重视小孩的成长，如果在美国，小孩说要上卡内基训练改善沟通，父母通常会要他去打工赚钱付学费；但是在华人社会，父母立刻就会付钱让他来。

有一次我到仁爱中学演讲，一位太太走到前面来，向现场一两百位妈妈说了一个故事：她的女儿有轻微的口吃，同学会故意学她讲话，她因此很退缩。有次，女孩被选为诗歌朗诵比赛的代表，妈妈到场一看，才发现参赛者都是智能不足的孩子。后来，朋友建议这位难过的母亲，把孩子送到卡内基训练来，因为同学的鼓励和掌声，女孩口吃的毛病消失了。

记者：在卡内基训练86个代理国家和地区中，台湾地区应该是学员和人口比例最高的。你认为这25年来，你做对了哪些事？

黑幼龙：台湾大约每100人中，就有一个卡内基训练学员，都会区可能每六七十名就有一位。以台湾的经济实力，台湾卡内基训练的业绩应该不可能第一名，这真的是奇迹。

这 25 年证明了一件事：企业跟人一样，有生老病死，唯有再造，才会有新生。所以，我们持续用新产品、新地区、新课程来创新。

第一个十年，我们推出青少年班，就是一个重要的再造，这创造了一个业务高峰，报名甚至要等三个月，但我们并没有停下来，持续到台湾中南部地区开班。第二个十年，大陆市场兴起，我们也参与了，算是在巅峰期去再造。

2012 年，卡内基训练 100 周年，书籍被翻译成 30 种语言，拥有 86 个国家和地区代理。能做这么久，关键是授权。戴尔·卡内基先生在 1936 年出书之后，演讲邀请蜂拥而来，他一个人做不过来，就开始培养讲师；我们也是这样，当台湾卡内基训练的规模越来越大，我也开始培养讲师人才，现在我只教"高阶主管领导班"。

除了热忱和授权，更重要的就是对教学质量一直咬住不放。有些国家和地区的代理为了业绩成长，会对教学质量放松，甚至去管理顾问公司"借讲师"，最后业绩就下滑了。但我坚持，台湾卡内基训练的讲师一定要经过固定程序，才能参加讲师训练，第一关就要把住。

另一个则是价值观。我听过一位牧师的演讲，当他在培养接班的牧师时，发现对方跟他的个性完全不一样；他想起《圣经》上说："你们若有彼此相爱的心，众人因此就认出你们是我的门徒了。"所以，他们两个决定一起祷告，因为关键在于他们两个要能处得好，否则教堂的设备再好，会众也不会感动。

这个故事让我很受启发。如果我白天批评同事，晚上要怎么授课呢？所以，我把同事间的言行一致，列为我们成功的原因之一。我们真的相信这一套普世价值，也要求自己在工作中奉行这些信条。

稳步培养讲师，维持企业文化

记者：卡内基训练在人才方面有一个优势——你们的讲师全部都曾经是学员，所以对这套教学方法非常信服。但在一般企业，很少有员工在进来前，就完全信服公司的价值观。这让你们"赢在起跑点"，不用再花时间建立企业文化。

黑幼龙：对，我从来没想到这个（笑），但这也可能是一个弱点。因为，即使是一个有几十年经验的教授，想来卡内基训练当讲师，还是要经过一整套训练课程。有经验的人通常不肯这么做，所以我们找人很困难。

曾经有在别的行业已经很资深的人想来当讲师，问我是否能有例外，没办法，也是不行。现在有位在国际法方面相当知名的律师想来当讲师，也是从学员、学长当起，第一次讲师训练还没有通过，但他还是继续练习。

记者：你们在台湾有 25 万学员，大陆有 3 万学员，这其实是一个庞大的资源。有没有可能培训上过卡内基训练课程的人当讲师？

黑幼龙：当讲师，至少要有四五次当学长的经验；有的人特别优秀，当两三次就可以了。刚刚提到的那位律师，可能就是因为当学长次数较少，结果没有通过。所以，我还是倾向一步一步、慢慢培养。

学长要做什么事呢？比如，第三周的课程要学员设定一个人，用卡内基原则去改善与他的关系，第七周再报告关系改善的结果。但是很多学员都不会照着做，所以每个学长会被分配四五个学员，每周打电话关切他们的功课进度，鼓励学员去做突破。

我们选讲师有五个条件：第一，要有很强的沟通能力，光有学问、助人的心还不够；第二，要有热诚、乐于分享；第三，要很专业，外形也不能太前卫；第四是乐于助人，看到别人有所改变会很有成就感；第五是毅力，参加这些学长训练的过程，就是要考验你想当讲师的决心。

分享"事件"

记者：人的个性、互动方式有这么多种，但卡内基原则只有30条，这么简单的原则，如何使每个人都改变？

黑幼龙：虽然无法涵盖所有情况，但是这些原则可以用在绝大多数的环境和人的身上。

比如说第一条"不批评、不抱怨、不责备"，很多人以为是"什么都不管"。卡内基并非认为不要管理、不要沟通，而是认为管理、沟通不一定要骂人。如果有一种正向的方法能达到同样的效果，甚至效果更好，那为何不试一试？

其实，很多夫妻、同事、亲子关系的问题，都是从批评、抱怨和责备开始的。

比如说，某堂课上，一位先生抱怨太太很爱打麻将，屡骂不听。我问他："你骂她几年了？""十几年了。""有效吗？""没有。""那你就试试卡内基的方法吧。"先生终于被说动了，但只愿试两周。两周后，他上台报告："我简直不敢相信，我太太改变了！"

原来，卡内基原则的第二条是"真诚地赞美、感谢别人"。我告诉他，如果太太少打一点麻将，你就说："你好有勇气，我要是你，一定无法拒绝好友的邀约！"太太就会开始想变得更好！

记者：听起来，卡内基原则很简单，但是因为有很多真实的故事，听起来就会更有说服力。

黑幼龙：对，只是"说教"就不好玩了！在课堂上，我们要求每个同学都要分享一个"事件"——有时间、对象，一听到这些细节，大家注意力就会开始集中。能吸引别人的注意力，讲话的人就会产生自信。

至于如何吸引别人的注意力，就要靠讲故事。关于沟通，有句名言是这么说的："说的人，要说到对方想听；听的人，要听到对方想说。"如何让对方想听？就是要有很多故事、范例，听的人则要用眼神、点头回应，让对方想继续讲。

CEO

附 录

黑幼龙带领下属心法

许多人怀疑，主管如果"不批评、不责备、不抱怨"，如何使下属改正错误？黑幼龙立刻现场示范如何使用三个卡内基原则。

卡内基原则第 25 条：用问问题的方式来取代直接的要求。

情况：记者问了涉及个人隐私的问题，受访者一怒之下拒绝受访。

主管："我发现你有热诚，很多访问都是你主动争取来的。你认为，访问高级主管应该注意哪些事？"

下属："可能不该问隐私的事。"

主管："好。万一以后你再犯同样的错，该怎么处理呢？"

卡内基原则第 24 条：先说出自己错在哪里，然后再指正他人的错误。

情况：营销主管花了大钱做广告，但产品销售不如预期，远远落后竞争对手。

主管："你现在一定很难过吧？"

下属点头。

主管："下次不要再犯就好。我在你这个位置时也犯过同样的错，而且产品卖得比现在还差呢！"

卡内基原则第 29 条：多多鼓励对方，让他觉得这个过错很容易修正。

情况：下属开会经常迟到。

正确：主管说："这只是一个小错，我相信你很快就能改过来的！"

　　　下属想："既然不难改，那就试试看好了！"

错误：主管说："你要是改得了，太阳都会从西边出来！"

　　　下属想："既然如此，我何必改呢？"

信义房屋董事长周俊吉
我没有策略，我经营的就是"信任"

信义企业集团（以下简称信义房屋）成立于1981年，目前在中国台湾地区已拥有超过300家直营店，自1994年以来连续成为台湾房地产中介业中营业额最大的公司，也是台湾唯一一家股票上市的房屋中介公司。是台湾最高荣耀"台湾品质奖"获得者，这是台湾房地产中介业唯一获奖企业、历年来唯一获此殊荣的连锁服务业品牌。

周俊吉：1953年生，先后毕业于台湾"中国文化大学"法律系、台湾"中国政治大学"企业家班。1981年，28岁的周俊吉成立"信义代书事务所"，1987年更名为"信义房屋"。

你有"信念"吗？你公司的"信念"是什么？它究竟带来了什么真实的利益？

对多数公司而言，"信念"只是空泛的口号；但对信义房屋而言，"信念"带来的利益，再真实不过：EPS（每股盈余）近5元新台币、ROE（产权收益率）超过30%、年营收55亿元新台币，以及台湾"行政院"颁发的两座奖杯。一切，都是从这两个字开始：信义。

"信义，就是'该做的事，说到做到'。企业该做的事，就是照顾顾客和同仁。"这是信义房屋董事长周俊吉的信念。

初次见面，你可能觉得他像个"书呆子"而非生意人：别人创业，是先赚几桶金后再拼凑经营理念，之后便束之高阁；他工作不到三个月就决定创业，看遍管理书籍后，完全遵照书中所言"愿景使命先行"，参考日本"经营之神"松下幸之助著作写下"立业宗旨"挂在公司总部入口，一挂30年。

许多经营者自称有"信念"。然而真正的考验是，当亏损发生时，信念能坚持多久？

信义房屋成立第九年才转亏为盈，但重要人事制度在那之前都已建立完备。周俊吉明白，将理念化为行动，需要更多理念相同的高素质人才。他咬牙租下精华地段的大办公室，吸引优秀大学毕业生投靠；再保障高底薪和半年教育培训，提高服务专业水平。

"信念"的另一个考验则是，当暴利来临时，信念还算不算数？

1989年台湾房价高企，周俊吉宁可让员工和客户反弹，也要推动《不动产说明书》，确保交易安全；转亏为盈后，仍奉行"有多少店长开多少店"，不恣意扩张；多元化经营时，他绝不碰获利最丰厚的房地产投资，以免"球员兼裁判"，员工若利用职务之便做投资客，一律记过或开除。

这是一个关于"信念"的故事。对于"信念"，只要信得够深、做得够长，真实的利益就会随之而来。

先想客户和员工，再考虑获利

记者：你非常强调"信义"，但你如何把个人的"信念"落实成一个组织的"信仰"？

周俊吉：创业的动机，会造成根本的不同。多数人是原本的工作做得不错才去创业；但我在创业前，完全没有房屋成交个案。我在两家建设公司当过业务员，他们叫我去骗客户，谎报屋龄、坪（1 坪约等于 3.3 平方米）数；他们也骗员工，我领到的薪水与先前谈定的不相同。

我觉得这样做很不合理，便想着应该要开一家能够保障员工和客户权益的公司。

这样的创业想法，加上没有成交经验，我只好找书看，照书写成有点"陈义过高"的立业宗旨，厘清顾客、员工和企业的角色，再依此写成规章和业务运营计划，一直沿用到现在。①

---

① 信义房屋的立业宗旨为：吾等愿借专业知识、群体力量以服务社会大众，促进房地产交易之安全、迅速与合理，并提供良好环境，使同仁获得就业之安全与成长，而以适当利润维持企业之生存与发展。

其中，影响我最大的一本书是松下电器创办人松下幸之助的《实践经营哲学》。这是他创业满 60 年时的作品，谈的是未来 250 年公司经营的计划。松下幸之助相信，只要能长期兼顾各方利益，最后就能获得好处。

记者：多数人成功后，受骗时的"义愤填膺"就不见了。你的抱负为何能持续这么长？

周俊吉：经营遇到问题时，我常常会自问："这样有没有照顾到顾客的权益？"立业宗旨很重要，真的有指导性！

我从不觉得赚钱这件事有那么"迫切"。我的祖父赚了很多钱，但他也在邻里间修桥铺路，学校、庙宇的捐款芳名录上，他的名字通常都在最前面。所以我从小就觉得，赚钱一定要赚到"被尊重"，不要背着痰盂在背后，让人家吐口水。

可能是因为这样的家庭背景，让我在创业初期很长一段时间都不赚钱时，还能想着："我能不能期待一个比较长期的好处？"

孟子跟梁惠王有一段"义利之辩"。孟子认为，如果大家都重视自己的利益，就会"上下交征利，而国危矣"。听起来仿佛"求利"是不对的。如果企业想的只是"公司要怎么赚钱"，员工想的也只是"我要怎么赚钱"，这样当然很容易内部、外部都有冲突。但如果能够"思考升级"——企业先想如何对客户有利、个人先想如何对同事有利，最后才让公司赚到钱，这样就没有问题了。

最短视的利，就是把别人的钱偷抢过来。企业如果卖黑心食品，不就是偷抢消费者的钱吗？就算钱真的到手，最后还是会有"报应"的。

把获利的范围拉广、时间拉长后，"利"就会变成"义"——因为"义"就是该做的事，"信义"就是把"该做的事，说到做到"。企业该做的事情，最优先的是照顾消费者和员工；这两项都做到后，才是获得利益，反馈给股东。这时候，"利"和"义"就没有冲突了。

记者：你的立业宗旨曾经被挑战过吗？

周俊吉：挑战有来自"内部"和"外部"两种。1989年做《不动产说明书》时，同时面临了这两种挑战。

当时我想，买一台相机都有说明书，但房屋竟然没有，所以决定要做。然而，因为当时制作一份说明书需要一周时间，每份制作成本5000元新台币，而平均每四个案子才会成交一件，以佣收20万元新台币来算，成本将近10%。所以，做了说明书之后，公司成本变高、周转率变慢。

卖得慢的原因有两个。房屋业主知道要等一周时间说明书做好后才能开始卖，他就会考虑把房子交给竞争对手；而买方通过说明书知道房屋有这么多问题，也会开始犹豫。员工们更是对此感到生气。

但是，如果我们因此不做说明书，那就是重视"短利"——客户成交比较快，员工也不会抱怨。但几个月后买主发现房子是海砂屋或凶宅，一定会来找经纪人算账；只要一碰上这种事，经纪人可能一整个月都没办法好好工作。这时候你就要更相信，只要对客户有利，长时间一定能够获利。

所以，尽管 1989 年台湾的房地产业很景气，同行都在赚钱，我们却只能打平；隔年股市下跌，房市变成买方市场，我们却因为做了说明书，赢得了消费者的信任，同行都在关店，我们反而能继续开店，业绩逆势成长 50%。

以前很多同事认为，信义房屋不重视功利，只重视仁义。但我其实非常喜欢赚钱啊！（笑）我只是希望赚钱能赚得比较长久，所以是从"计利当计天下利"的角度来思考。

经营"长的结果"

记者：股东对此有任何抱怨吗？

周俊吉：长辈们都觉得我的做法很不切实际，但我当时就明白人才的重要性，所以始终都存着"一定会做成"的信念。就像我高考考了四次，但我相信自己最后一定会考上。

我从小就相信"不是不报，时候未到"，"你可以欺骗一个人一时，但你不能欺骗一群人永久"之类的话，所以始终是"愚蠢"地想，只要对消费者、对员工双方都有利，坚持下去为什么不会有回报？

对房产中介来讲，没有"人"就没有事业。企业常说，"人才是最重要的资产"，但能任人支配的才叫"资产"。人不是资产，人有自主意识，人是工作伙伴，是企业的关键成员。企业要提供良好的工作环境，人才才会愿意加入。

记者：你怎么跟员工沟通这样的做法？员工从什么时候开始才慢慢认同？

周俊吉：我们公司内部流行一句话："'先看见才相信'，还是'先相信才看见'？"创业初期，无法让员工先"看见"结果，所以我们一面告诉员工"要先相信才看到，才会更有力量"，并同时用"看得到"的"保障底薪"和"大办公室"来鼓励他们。

早期，媒体常形容信义房屋擅长"逆势操作"。我都跟记者解释，这不是"逆势"，而是"顺势"：因为即使是坏人，也希望跟守信用的人交易。我只是照着"讲信重义"的中华文化价值来经营，是顺着"规矩"和"人心"在走。

1990年是关键的一年。当同行都很不好的时候，我们竟然还能成长，员工才发觉，"这次真的'看见'了！"

记者：外界看信义房屋，会觉得你们的战略灵活。但现在来看，其实你创业时就把愿景想好了，之后就是照着去做？

周俊吉：其实我没有战略，最基本的原则，还是"让客人愿意相信"。20多年前我刚开始上班时，人家常说，世界上最困难的事，就是"把别人口袋里的东西放到你的口袋里，以及把你脑袋里的东西放到别人的脑袋里"。第一件事相较而言简单一些，第二件事则很难。但是，如果你能把你脑袋里的想法放进别人的脑袋，他的钱自然就会进到你的口袋！（笑）

这个行业也是这样。如果客人信任你，只要你开价，他就敢买；如果他不信任你，你嘴巴再会讲，生意也不会成。所以，我们经营的永远都是"信任"。

不同的年代、不同的客户，对于信任的定义也会不同。所以，企业战略谈的是这个部分的做法。但战略的基础还是"信任"，长期地营造内部与外部的被信任，这一点是不会变的。

比如说，做房产中介最直接可以延展的事业，就是投资房地产。但这是"选手兼裁判"：买方买了房子后发现，房屋业主竟然就是中介商本人，他就会开始质疑"信义"这个品牌。

对此，我们有一些措施。比如说，经纪人要买房子，必须向店长呈报；总经理要买房子，必须向我呈报。如果员工没有告知或用"人头"买，公司发现后，不是开除就是记大过。台湾有很多房产中介公司都公开或私下地在短期内将房屋买进后再转手卖出。赚差价很容易，却也伤害了信用。

所以我们不投资房地产，目的不在于"专注本业"，而在于获得"长期信任"。因为本业能够生存的前提就是"信任"，应是在本业能够生存之后，再来谈专注。

记者：你坚持做对的事，但是如果看到同行做错的事，但结果比你好，你会怎样想？

周俊吉：要看是多长时间后的"结果"啦。我常说"莫忘初衷"，如果赚钱会被骂，那宁愿不要赚。当企业的利害关系人，如顾客、员工、股东、社会大众都因为你的存在而变得更好，企业才算成功啊！这才叫公众的成功！

信义立业，止于至善

记者：信义房屋推出很多创新服务，不久后同行就会慢慢跟进，对此你怎么看？

周俊吉：其实我们很乐意推广对的概念。做说明书和履约保证时，我们曾送给公会；如果同行想要，我们也愿意给。

但是外部制度的创新，还需要内部文化的配套，否则也做不出来。当我们喊出"四大保证"，同行也会跟着喊"六大保证"，但"真的做到"和"只是口号"，这之间还是有差异的。

记者：你如何描述信义房屋的文化特质？

周俊吉：我最常讲的，就是"信义立业，止于至善"这近乎"八股"的文字。"该做的事，说到做到"这是信义立业的精神，"止于至善"则是永不休止的改善过程。

不论是企业还是个人，都该做到这样。比如说，第一线的员工，如果能用"立业"的精神对待同事，那么当你忙不过来的时候，他们也会愿意帮助你。

我们的店长选拔就是最典型的案例，我相信有人才才能拓展事业，所以是"有多少店长开多少店"。有的早期业者只看景气展店，若景气好却没有店长人才时，便向外挖角，因此可能会出现水土不服或拔苗助长的情况；等到景气下滑，就被迫要关店了。

可是，房产中介企业跟银行业一样，都是靠"信任"存活的产业。景气再差，银行也不能把分行关掉，隔两年再重新开幕，否则民众的信任度会打折扣；房产中介企业也是如此。

1987年，我们还只有两个店面的时候，就请众信会计师事务所（现已合并成为勤业众信）帮我们建立会计制度。别人都觉得我们是"花笨钱"，因为小企业逃税是很常见的，如果找大事务所来查核签证，就没有作账的空间了。但我只想把所有心思都放在经营上，不想去担心后方账务的问题。

2009年，我们确定股东会召开的时间后，发现多数企业都选择那一天。为了能让比较多股东来参加，我决定改成另一个"小日子"。大家都吓一跳，因为在"大日子"开股东会，职业小股东比较不会来闹场。改期之后，职业股东果真来了不少，但我们都会给清楚的交代，所以没什么好担心的。

虽然我说的这些事，听起来好像都不太合理。（笑）

记者：有点像在自找麻烦？

周俊吉：（笑）不会啊，这反而为我们加了很多分。股东会改期，显示我们公司治理的透明度高。在几十年前，很难想象，曾经是"最不负社会责任"的房产中介，竟然可以成为台湾做"企业社会责任"（CSR，Corporate Social Responsibility）最成功的企业之一。

对外部来说，这就是"信任"，客户会比较愿意相信我们的话。有些事，像财务，尽量让它清楚简单。有好的才能，为什么要去偷税？不如去好好发展客户的信任，时间虽然要长一点，但是成效会更好。

现在，在台北、高雄等地，信义房屋的市占率大约有20%；但以全台湾房屋交易量来看，我们只有5%。我会刻意强调"5%"，是要让同事觉得还有努力的空间，凡是没有使用中介的地区，都是我们应该去争取的。这样近乎无限大的市场空间，加上我们"有多少人才开多少店"的原则，实在是天、赐、良、机啦！（加重语气）强调我们规模还小，市场空间很大，员工比较愿意出来竞选店长，别的行业很难用这种方式激励。

　　所以，我们一开始就没设定要跟同行竞争，因为如果只看产业的市占率，就算全拿也只有全市场的一小部分而已。如果信义房屋能在台湾开500店，在大陆至少可以开5000店，最后甚至可以把这个品牌输出到国外，成为"台湾之光"，这才是我长远的理想！

CEO

附 录

周俊吉的创业经

他不是一个好的业务员，他个性严肃内向，不喜欢交际应酬。但他创造了 30 万新台币，创业资金起家，30 年做到 30 亿的佳绩。

周俊吉自称是一个小时不学好的孩子。他不合群、功课差、被留级、被退学、考大学考了四次。但从小他就有阅读的习惯。

大学考了四次后，周俊吉考上了最后一个志愿——台湾"中国文化大学"法律系。此时的他，依然贫穷，又因与家庭的关系没有处理好，所以就在一家专门卖高考用书的书店卖书，因为是新手，没有行军床可睡，又怕地上冷，所以他在书堆里睡了很长一段时间。

此时，他遇到了恩师台湾"中国文化大学"法律系的王宝辉老师。王老师在系办公室存了一笔钱，只要是法律系的学生，去签个名就可以领走 3000 元新台币，周俊吉仍不够用，又到王老师家借钱，一共借了 5000 元。当时王老师并不认识这个孩子，只知道他是台湾"中国文化大学"法律系的学生。毕业、退伍后，周俊吉想考律师，就住在王宝辉老师家，王老师家有几个房间，只要学生没地方住，去找他，他就给你住。

　　这些经验，给了周俊吉很大的启发。他认为，人的一辈子，至少要去做一些不期望有任何回报的事。

　　27岁时，周俊吉开始卖房子。有七年的时间，他创办的企业都处在亏损的状态，周俊吉甚至拿着太太陪嫁的首饰上当铺。但是，他并不灰心，仍然以自己坚持的"信"、"义"为信念：只开了第一家分店的时候，就引入知名会计师事务所来建立财务制度；开第八家分店时就用三分之二资产购置资讯系统；同年又成立鉴价部，制作当时没有房屋中介会做的《不动产说明书》，即使它的成本几乎占到营收的十分之一……

　　然而，正是这些看起来近似疯狂的举动，让信义房屋终于在创业的第九年迎来转机。1990年，台湾经济陷入低迷，在房产中介业，唯有信义房屋因为在业界率先提供《不动产说明书》而获得消费者肯定。在各企业业绩纷纷下滑时，也只有信义房屋不但没退步，反而逆势成长50%，更吸引"台湾土地银行"在第二年主动提案，给信义房屋的客户提供优惠利率。

　　"义和利并非对立，只要先义后利，可以义利两得。"凭借着这样的信念，周俊吉带领信义房屋在创业30年后，资产翻了一万倍。

CEO

第二部分

做大做强、走向国际的奥秘

台积电董事长张忠谋
做世界级领导者，是我的习惯

　　台湾积体电路制造股份有限公司（以下简称台积电），成立于1987年。台积电是全球第一家专业集成电路制造服务（晶圆代工）公司，不设计或生产自有品牌产品，将所有产能提供给客户使用，为客户服务。这种专业代工模式为台湾半导体开辟了一条新道路，也使得台湾的集成电路制造能力得到世界的认可和重视，进而占领了全球IC（集成电路）代工市场的大半份额，台积电更成为全球最大的晶圆代工公司。

　　张忠谋：台积电创始人，现任台积电董事长，有"芯片大王"、台湾"半导体教父"之称。

张忠谋与台积电故事的上半场，许多人都很熟悉。

1986 年，张忠谋应李国鼎之邀，离开美国的高薪事业，到台湾成立台积电，开启全球首创的晶圆代工商业模式。20 多年来，几乎全世界的 IC 设计公司都成为它的客户，市占率逼近 50%，最热卖的 iPhone 和 iPad 里，都藏着台积电的产品。

岛内外商学院纷纷研究起台积电的企业案例。有人推崇它的"开放式创新平台"，有人说"虚拟晶圆厂"（Virtual Fab）的商业模式是关键，还有人认为电子代工（e-Foundry）的服务系统最重要。但张忠谋说："这些都不是我认为的重点。"他认为，技术领先、生产制造能力领先、客户信任，才是公司屹立不倒的关键。

2005 年，台积电声势正如日中天，张忠谋交棒 CEO（首席执行官）大位，仅担任董事长，画下完美的句点。

下半场的开始，大家也都不陌生。2009 年年初，金融危机正烈，台积电亦发生劳资争议。同年 6 月，张忠谋宣布回任 CEO。"这是我做过最困难的决定。"他认为，公司应该重拾成为世界级企业的雄心。

原来已淡出舞台的张忠谋，几乎是以数倍于以往的速度与幅度，大步向前。他一反当时消极保守的产业气氛，大举提高资本支出、增加研发预算，甚至亲自飞国外拜访客户。隔年，台积电营收、获利都创下新高；2012 年，台湾所有 IT（信息技术）产业都不敌三星的凌厉攻势，唯独台积电依然保持领先。

为什么，台积电能成为台湾唯一一家从创立第一天起，就稳坐"世界第一"宝座的企业？

"我的经验和习惯，是'做世界级领导者'！"81 岁的张忠谋轻描淡写，却不容置疑，"我还有雄心！"

绩效是由竞争者决定的

记者：台湾的 IT 产业最近陷入一种迷惘，因为许多旧的商业模式过时了，但新的模式又还没找到。我们好奇的是，为什么台积电可以靠单一的创新商业模式，20 多年来都保持领先？

张忠谋：台积电的商业模式，虽然不算是"旭日初升"，但绝对是"如日中天"，从越来越强大的竞争者相继投入，便可窥知一二。原因很简单，因为我们提供的是基础科技，无论 IT 产业怎么变，都变不出这个基础之外。以前，计算机需要半导体。现在，云端技术、手机、平板计算机，更需要半导体。台积电，就站在半导体世界的中心！

记者：其实做晶圆代工的业者并不少。

张忠谋：对！更明确地说，是竞争者越来越多，而且新竞争者比旧竞争者强。

记者：新的竞争者是指英特尔（Intel）？

张忠谋：英特尔只是选择性地进入代工市场，但对我们来说是很大的"阴影"。因为很多依赖我们的客户，其最大的竞争者就是英特尔。

而三星不一样，它是全力以赴要进入这个领域，所以我们一定要保持技术的领先。

假如我们技术跟不上了，客户只好去找英特尔代工，但找自己的竞争者代工，无异于"与虎谋皮"啊！同样的，若客户去找三星代工，就算不是与虎谋皮，亦是"sleeping with the enemy"，可说是"与狼共枕"。

记者：台湾业者在几个主要的竞争领域都输给了三星，所以我们特别关注台积电跟三星的态势。

张忠谋：打不过三星的产业，通常是一开始就处于劣势。

但是，我的信心相当强！我对三星比对苹果更熟悉，我知道它们的弱点与强项；而且，台积电选择的，是我们最擅长的半导体技术与生产。在这个战场上，我不认为我们会处于劣势。

记者：台积电的经营模式一直都很专注，但是每个阶段又都有些改变。您怎么决定每个时间点要做什么样的改变，才会有好的结果？

张忠谋：我给你一个简单的答案：每一个人的绩效，都是竞争者决定的。我打桥牌的资历比做半导体更久，如果你打桥牌，就知道桥牌能打得多好，完全由竞争者决定。毕竟，打桥牌的目的就是赢，如果对手实力平平，不用花太多心思就可以打败，你的水平也只是平平；假如是跟技术很好的人打，你的水平也会提高。

记者：这样我们就要追问，关于三星这个对手，您怎么看？台积电这几年的动作，是不是也跟它有关？

张忠谋：（笑）跟三星这个对手，是 Battle is still on-going（仗还没打完）！我跟同仁讲，你们不要以为，公司以前的表现很好，你们已经相当了不起了！现在，我们的对手变了，是很强的竞争者！不只是三星，还有薄纱后的竞争者英特尔，它们都很强！但我相信我们的同仁，一定会尽力提高水平。

但是，提升个人能力还不够，还要提升团队协作的能力，华人喜欢做个人英雄，反倒韩国人和美国人都是很好的团队工作者。一个公司表现好，是因为团队的表现好，而不是光靠几个天才。连乔布斯，我都认为他在创意上的成功，个人只占一半功劳，因为如果没有另外一半的团队合作，他的创意不会成功，苹果也不会成功。

参与世界级竞争

记者：2009 年您回任 CEO 时，决定加大资本支出，跟当时外界的做

法不太一样。当时你考量的重点是什么？

张忠谋：不只如此，我还大幅增加研发、全面改进客户关系维系，同时也维持住价格，不要让它下滑太快。

这种种的做法，的确跟一般想法相左。其实我不是刻意唱反调，而是因为我对公司抱有很大的雄心与希望。如果有雄心，就不会消极地守成，反而会积极地投资，虽然它们不会立刻给你回报。

现在台积电的成长，只是我在2009年投资回报的开始；未来两三年，将会看到更明显的回报，主要是来自获利和市场占有率的成长，以及新市场的开拓，如果没有我们，那个市场甚至不会存在！

记者：为什么大部分的台湾企业都做不到？您认为经营者的盲点在哪里？

张忠谋：假如台积电只是"大部分的企业"，你也不会来采访了！（笑）

1985年，我来台湾成立台积电。在这之前我在美国德州仪器公司（以下简称德仪）服务了25年，其中有七年是半导体部门的总经理。当时的德仪，是世界半导体的龙头企业。所以，我的经验和习惯，是"做世界级领导者"！这也是我为当时的台湾带来的比较新的观念和野心。

记者：您的意思是，起心动念，就会造成后来的差距？

张忠谋：一开始，眼光就要放高；往后的每一步，阶段目标还是要设高。虽然起步时会觉得离目标很远，但还是要一步一步去达成。这个过程，台积电花了20年。

但是到了2009年，出现了一些变化。我的目标还是在那边（左手举高），公司的目标却好像比较消极守成了（右手往斜下方移动），所以再次回来后，我就开始积极投资。

记者：您曾说过自己是"站在巨人的肩膀上"，所以视野比较不一样。但有您这样历练的台湾经营者是很少的，他们有什么方法可以学习，好逐步养成"世界级"的雄心壮志？

张忠谋：我中学是在大陆读的，当时的环境就是一个很大的格局；在哈佛读大学的时候，美国也已经是世界的领袖。所以可以说，18岁以前，我的志愿是中国级的；大学以后，志愿就变成是世界级的！

其实，有的企业并不需要做到世界级领导者，比如说，因为每个国家饮食习惯不同，所以大部分的食品企业只要成为本地的领导者就好。但生物科技和IT产业是以世界为市场，此类企业就应该要有世界级的雄心壮志。

记者：因为过去的历练，您习惯做世界级的领导者。但在台湾，您怎么使团队成员都有"世界级"的想法？

张忠谋：我不一定要当一个"世界级的领导者"，但至少要参与一个"世界级的竞争"，这么做的目的，就是要成为领袖。我们的客户来自世界各地，它们要跟 IBM、德仪竞争，是它们给了台积电同仁"世界级的竞争"的观念。

台积电头一批 100 多位员工，来自工业技术研究院电子工业研究所，当时在台湾就已经有竞争对手了，像联华电子、华邦电子。后来很长一段时间，也有其他地区的竞争者出现，像大陆的中芯国际，但实力并不是那么强。直到最近，新的竞争者三星给同仁以非常震撼的感受，所以我才不厌其烦地提醒他们，水平要更提高！

创新不是了不起的发明，而是不怕改变

记者：我们看了许多台积电的案例分析。有人认为台积电的成功，是因为"虚拟晶圆厂"的代工战略；有人认为是因为"开放式创新平台"的服务；还有人认为是人才，但这些都是外人的推测。您自己认为，台积电从一开始有好的商业模式，到现在能与对手拉开明显的领先差距，关键是什么？

张忠谋：你刚说的那几个，都不是我认为的重点。比如说，电子代工（e-Foundry）是跟着 20 世纪 90 年代后期的电子商务（e-Business）潮流走，所以找了管理顾问公司架设了 IT 系统。但是跟客户的重要接触并不是通过这个系统，所以这并非是关键。

台积电的商业模式，一开始是有个大约的形貌，后来才逐步改善。到

了现在，我认为有三个要素：第一是技术领先；第二是生产制造能力领先，也就是良率、制程、交货期限的标准越来越高，产能也可以满足客户需要的数量；第三是客户信任，长期客户跟我们合作十几二十年，他们茁壮，我们也跟着长大，这是台积电非常重要的资产。

十年以后、二十年以后的事，我都一直在想。公司刚成立的时候，第一跟第三的要素都尚未具备，只能靠第二个要素（生产制造能力）；五年后，才拥有第一个要素（技术领先）；十年以后，才开始逐渐累积出第三个要素（客户信任）。

记者：您曾提出"ICIC"（Integrity- 诚信，Commitment- 承诺，Innovation- 创新，Customer trust- 客户信任）作为企业的核心理念。当年提出时的定义和现在的诠释，有没有什么变化？

张忠谋：核心理念是企业的"灵魂"。一个公司，先要有理念、价值观，再要有愿景、战略，最后才是执行。

一开始，台积电先谈诚信和承诺，后来又加上创新和客户信任。刚提到的"参与世界级的竞争"，就是我们的愿景。

每个公司都声称自己有诚信。通常，人们只会对一个小圈子很忠诚，像是朋友，或是有共同利益的人；但是，台积电是对社会大众、对所有股东、所有员工，对一整个大圈圈的人都有诚信。

承诺，不只是对客户，也包含对员工。员工对公司的承诺，就是卖力工作；而公司对员工也有承诺，只要你很努力，公司就会照顾你，所以我们不会裁员。2011 年 10 月举办公司运动会，当时看起来，这两年的经济状况不会太好，所以我立刻就承诺同仁，台积电不会有无薪假或资遣，甚至还会调薪。

创新（Innovation），则是企业能够存活、甚至发达的关键。在字典中，Innovate 的意思是"to change"（去改变），不一定要是什么了不起的发明，但是必须要"改变"。不一定所有的改变都会成功，台积电也有过很多失败的创新，但只要大部分是成功的，那就很好了。

头一次选接班人，我只选了一位，现在变成三位，这也是一种改变。我是不怕改变的，因为台积电的价值观，就是改变!

客户信任，则是刚刚提到的台积电成功要素之一。对于客户，我们优先考虑他们的需求，20 多年来没有"出卖"过他们对我们的信心。

学习前，先想清楚要学什么

记者：董事长很重视学习。您认为学习对您最大的影响是什么？经理人要如何让自己不怠惰地学习？

张忠谋：我不只讲学习，我讲的是有目标、有计划、有纪律地学习。有用的学习，是要先想清楚"要学什么"。比如说，我在"台积电董事长"岗位上 20 多年，所学习的就是世界级领袖或有志成为世界级别领袖者的历史。

比如说，大家都在谈苹果这家公司，而它的历史是什么？曾有什么失败？甚至连微软、英特尔这些企业的历史，我都比台湾一般 IT 经营者甚至学者，看得更清楚。因为台积电的市场跟美国、欧洲经济有很大关系，所以我也研究世界经济变化；至于管理，我通过读《哈佛商业评论》学习商学院的理论。

与看书、看杂志、看报纸同样重要的，是结交"亦师亦友"的人，甚至邀请他们来当台积电的独立董事。

记者：那您怎么看苹果的成功？

张忠谋：很多人说，苹果的成功是因为产品创意，尤其是乔布斯的创意，但我认为那只是一部分，另外还有两个原因。

其一，是它建立的生态系统，包含应用程序和零售渠道。这方面，我太太是我非常得力的助手；她到每个地方都会去当地的苹果专卖店，她说那里的服务"真是好得不得了！"

另外一个原因，是它的供应链。这方面，苹果是 works with genius（与天才合作），这部分的功劳要归给库克（苹果现任 CEO）。苹果只有几万名员工，营收却破千亿美元，因为它把所有管理员工的问题，都转给代工厂去伤脑筋。它的资本额也不大，但我们身为它的半导体合作伙伴，却要几十亿、几十亿地投入资本支出。而且，这个供应链完全是听令行动式的，苹果一声令下，大家都急着回应。

第一个因素（产品创意），乔布斯的功劳大约占一半，另一半则是因为他雇用了一支拥有很多人才的团队。但第二个因素（建立生态系统），库克的功劳相当大。第三个因素（建立供应链），更几乎百分之百是库克的功劳！所以，乔布斯选库克做接班人，是很自然的事情。

这三个要素，缺一不可。有台湾厂商做出一个产品，说功能比苹果产品好，但没有生态系统和供应链，有什么用？

记者：讲到接班人，这几年台积电的接班计划，使用了两种不同的模式，这是因为环境变化使然吗？

张忠谋：从第一次交接中我吸取了一些教训，所以要把这些教训用在第二次交接上。我现在认为，应该要有一个以上的CEO，最可能是co-CEO（双CEO），但不会超过三个。如果要说几率的话，一个CEO的可能性不会超过30%，而两到三个CEO的可能性是70%。

依照台湾习惯和"公司法"规定，对外代表公司的是董事长。但我们有百分之七十几的股份都是外资持有，百分之八十的客户都在欧美，他们比较习惯有"CEO"，不习惯有"董事长"和"总经理"，所以才设了CEO。

"董事长"这个职位，我预备要一直做到没有能力做了，才会退休。所以现在来看，CEO的交接班相对而言并不是那么重要；但未来就不一定了，因为或许会跟董事长交接班有关。

记者：在经营台积电这 20 多年来，您做过最困难的决定是哪一个？

张忠谋：（沉思几秒）2009 年我决定回来做 CEO，对个人生活来说，是个很大的转变。因为在那之前的四年，我只做董事长、不做 CEO，每天都住在台北，每周只来新竹半天到一天，已经逐渐脱离公司的经营；但 2009 年之后，又回到每天来新竹上班的生活。

CEO

附 录

张忠谋学习的秘诀

管理大师彼得·德鲁克（Peter Drucker）一生出版了39本著作，其中四分之三是在60岁之后完成的；张忠谋55岁才创立台积电，却开启了"晶圆代工"的全新商业模式。为什么，到了一般人准备退休的年龄，他们的职业生涯却能更上一层？

在以96岁高龄辞世前，德鲁克已经持续奉行"三年式主题学习"超过60年，不间断地研究各种主题，所以他可以谈论社会、政治、美术、历史等各种主题。而在一夕数变的科技业，张忠谋又是通过何种学习方式，始终引领公司走在产业尖端？

有目标：一定要跟上"产业的发展"

张忠谋认为，无论身处哪一个行业，都应将"一定要能跟上所属行业的发展"，列为终身学习的长期目标；否则10~15年内，极可能就会面临失业危机。

产业变动的快速，在科技、工程领域尤其明显。张忠谋举例，在他研究所刚毕业时，根本没听过"晶体管"；但几年之后，它成为一种普遍的技术，

"如果无法与时俱进，可能就只有失业的份"。

有纪律：要每天花时间，将知识内化

对张忠谋而言，学习不是"消遣"，而是件"严肃的事"，所以必须持续地花时间，好将知识内化。

张忠谋每天至少花 2~4 个小时阅读。如果是读客户的信息，他一定会记笔记，每个月或每两周温习一次，久而久之就会记住重点，连客户都讶异，"你怎么会知道这么多？"

如果是阅读一般书籍，张忠谋也不会漫无目的地浏览。他会在一段时间内，针对某个领域大量、专注地研读，所以还曾针对"康熙王朝""全球经济形势"等主题发表感想。

有计划：打好基础，结交专业人士

除了阅读，张忠谋也喜欢从"人"的身上学习。他对历史、经济有兴趣，所以也去结识这方面的专业友人，甚至邀请他们参与公司经营。诺贝尔经济学奖获得者克鲁格曼（Paul Krugman）到台湾，张忠谋是唯一与他对谈的台湾经营者；产业经济大师迈克尔·波特(Michael Porter)，也曾任台积电独立董事。

不过张忠谋强调："与专业人士交往前，自己要先打好基础，不然谈话很难出现交集。"所谓的"基础"，除了专业知识，还有独立思考的能力。

绿地董事长张玉良
做主流，才有大舞台

绿地集团是上海市国有控股特大型企业集团，成立于1992年7月18日，目前已形成"房地产主业突出，能源、金融等相关产业并举发展"的产业布局。在2012年美国《财富》世界500强企业中位列第483位，在2012年中国企业500强中位列第73位，在以房地产为主业的综合企业集团中排名第1位。

张玉良：高级经济师，现任上海绿地（集团）有限公司（以下简称绿地）董事长、总裁。1992年5月起，张玉良领衔创建绿地，任董事长、总裁至今。他带领企业团队把绿地打造成中国企业500强和上海市百强企业。从2001年起，他又带领绿地融入全国，服务全国，为所到之处带去新的开发和居住理念，使绿地逐步成为全国品牌企业。

2000 万人民币起家，用 20 年的时间把这个数字翻了一万倍。做出这项业绩的是绿地董事长兼总裁张玉良。

张玉良，很多媒体在报道中描述他是新时代的"红顶商人"，深谙与政府共舞之道；同时他又是个十足的商人，有着一套 MBA（工商管理硕士）教材里不太会出现的"野派"生意经。对书本没有什么特别兴趣的他是个十足的实践派，而且常常做出超出人们认知逻辑的事情：他丝毫不介意被人称为"红顶商人"，直言其偶像正是胡雪岩；众多开发商都嫌弃不要的地块，他很乐意收入旗下开发；他坚持"做政府所想，为市场所需"这个看似矛盾的经商理念，20 年不为所动；根据经济周期定战略，他逆势投资；在多元化遭到全面倒戈、专业化被封为新的成功密码时，他果断开拓能源和金融等第二产业……

他总是做不那么合常理的事情，然而事实又总是在后来证明他的正确。2012 年，绿地以 2011 年实现营业收入 1478.74 亿元人民币，成功入围世界 500 强，这是中国首家以房地产为主业进入世界 500 强的企业。

有人说他很精明，非常善于与各种人打交道，为了企业他几乎可以做任何事情，可以委曲求全，身段非常柔软。当你见到这个人，会怀疑"他真的是国企老板吗？"在接受采访回答问题前，他先用笔把答案写下，而那支笔是寻常的圆珠笔，不是名贵的万宝龙。"你问我要你怎么做，我说你看我怎么做。"以此为座右铭，张玉良用行动带领自己和团队走出了一条路。

鸡蛋别放进一个篮子里

记者：回看 20 年来的发展历史，可以看到绿地几乎经历了中国经济的所有波动，却越挫越强。是因为您对机遇有超强的把握能力吗？

张玉良：绿地的经营是完全市场化的，比较善于抓住每一次大发展的机遇，尤其是发生经济危机的时候，我们把它看成是弯道超速的最好时机。因为经济危机时往往是获取资源和投资的最佳时点，经济低潮时投资，经济高潮时产出，从经济的周期性中谋取发展。这一点绿地比较擅长，弯道超车、逆时投资、顺时收获。

机遇这个东西，等它到来的时候你再看到就已经太晚了，要早有预见，但这事并没那么容易。在中国，企业生存受两个方面的影响很大，一个是经济周期，一个是政策调控。对政策解读理解不深刻的、市场敏感度差的，企业都会出事。

我有过一次很深刻的教训。2005 年的时候，国家实施房地产调控，那时候绿地刚好处于一个有规模没有效益的时期，各地事业部都需要总部的资金支持，总部的财务压力很大，我那时候没有预料到调控的威力，仍然在 2004 年采取了扩张姿态，甚至 2005 年的时候我还没把它当回事，但实际情况是银行贷款已经控制得非常严了，新贷款不放，再加上销售不畅，资金没有回笼，差一点企业就死了。幸亏到了下半年，银行资金链开始放松，市场回暖，绿地才算挺过了这一关。

那之后，我开始深深地意识到，一个公司的规模再大，如果产品和产业单一，哪怕你再懂经济周期，调控一来，银根一收紧，企业就可能面临生死危机。

记者：您指的是要走多元化道路吗？

张玉良：地产行业资金链一旦断裂，就可能难以翻身。像绿城，它走高端精品路线，产品太单一。

比较同行来看，产品线丰富的，稳定性就比较强，不同的产品组合，能创造出更多的附加值。比如住宅区就需要商店、办公楼。某一天我去我们的酒店看第二天活动的布置，听酒店反映生意很好，为什么会这样？因为我们在酒店一公里外的绿地办公区开业了，大量的商务客人都选择到我们酒店来入住。这是城市综合体的概念，也说明产品间的互补，的确能创造出更高的价值。而且从更本质来讲，这也是以人为本的开发，通过创造关联来实现整体的提升。

同时，我们把一、二、三线城市结合起来开发，不同的城市处于不同的发展阶段，而每一个城市的不同时期也会经历不同的成长速度，在多种类型的城市都开拓市场，也有利于降低风险。比如一线城市实行调控政策时，我们可以在二、三线城市寻找突破；二、三线城市市场不好时可能一线城市市场很好，归根结底就是不要死在一个地方。

除了产品的互补、地域的互补，还有产业的互补。我们提倡相关产业的适度多元，尤其在企业做大之后。不同的产业有不同的经济周期，当主业发展陷入困难时，可以在其他业务上获得补偿，从而保障主业能更稳定地发展。比如房地产业信贷收紧时，能源产业可以获得贷款；能源产业不景气时，还可以用金融平台去融资，这是一种内部的相互协助、扶持。

记者：绿地先后进入了能源和金融领域，那么，绿地还是一家房地产公司吗？

张玉良：房地产是我们的主业，这不会变。发展能源和金融项目也是为主业的稳定发展提供保障，提高整个企业的抗风险能力。

记者：关于多元化还是专业化，业界讨论非常多，但现在大家貌似达成了一个共识：去多元化，走专业化路线。对此，您怎么看？

张玉良：万科专业做住宅，做深一个产业，我很钦佩。王石曾说，如果万科开始多元化了，他就是进了坟墓里也要伸出一只手来阻止。但我觉得万科随着时间的推移也会转变战略。

关于多元化还是专业化，一位行业媒体的主编也提出过他的看法，我认为很对。他说归根到底，企业是一个生命体，要专业化还是多元化，只是一个路径选择。不同的生命体适合不同的发展路径，不能一而概之，比如说持续稳定成长的行业就适合走专业化路线，像从事传统制造业等比较机械型的公司。

我们觉得，企业做大之后，如果只做一个行业、一个产品，要实现可持续发展会很难，因为产业周期和政策调控的波动，单一化的专业会让企业在一定时期内陷入绝对的困难，而无法自我调节。所以我们选择相关多元化的道路，这种多元化是以明确你的主业是什么为前提的。不是盲目多元化，盲目的阶段绿地也走过，看到什么赚钱就做什么，开过饭店、办过超市，不是倒了就是亏了，所以多元化之间也是不一样的。我们提倡的多元化是为了更好地做好主业。

政府、市场两头都要顾

记者：有人评价绿地为"中国式战略竞争的活教材"，您怎么看？

张玉良：绿地是1992年创建的，有国企的背景，是小平同志的"南方谈话"为我们企业创造了非常好的发展契机；1997年国企改制，绿地开始引入现代企业制度，进行公司化运作，这些时代背景在绿地身上抹不去。

中国的政商关系吴晓波研究得很透彻，顺应政府的发展需要，与政府密切合作，企业方能获得良好的发展环境、核心资源和市场空间。

这里面有两层含义：第一，每个地区都有发展战略，符合这一战略，就有发展机会。比如说城市综合体，是比单一产品更能帮助当地经济发展转型的项目，所以更受地方政府喜欢。再比如，就像马来西亚前总统所说，每个城市的老百姓都希望有一栋空中的仰望楼、需要一座台阶，而超高层建筑就是这个城市的台阶；每个城市在发展中也都会想要一个地标性建筑、一个高度，这就是政府和社会的需求，也是种精神上的追求。第二，政府是一个强大的机构，就像一台机器，做这个机器想做的事情，就容易成功。因此，做保障房、做新城建设、做城市综合体、做商业地标，绿地都与政府保持高度同步。这么多年我们总结出来的战略就是：做政府所想，为市场所需。

记者：政府的逻辑和市场的逻辑，一个更注重公平，一个更讲求效率，绿地怎么在这种冲突中做到角色平衡？

张玉良：做政府想做的事，做市场所需要的事。这是在公司发展当中领悟出来的。什么是政府想做的事？就是政府需要、社会需要我们这么去做的事，政府和社会都会认同的事，那么，我们就去做。什么是市场需要？这里面起作用的是经济规律。这两种思维都要有，操作上很简单，项目选择时按政府、社会需求去选，这是方向，具体运作则按市场

法则去做，两者之间并不矛盾，并不是说政府想做的事你就可以不按市场经济规律去做。

赚钱的项目要做，不赚钱甚至亏本的买卖也要做，只要是政府所需。你在这个社会上做事一定要做主流，这样你才有环境、才有机会，实现自己的价值必须借助这种主导力量，要不然你就没有舞台。有人说我是"红顶商人"，但这是聪明的做法，做政府想做的事，并不是要把企业与政府捆绑在一起，更不能理解为与政府官员个人的关系。企业是在与一级政府打交道，按照一个区域的政策、价值导向去做，而不要跟某个官员走得太近。

记者：绿地在2012年以2000亿元人民币的规模进入了世界500强，是中国房地产业第一次登上世界500强的宝座，这个成绩，除了您提到过的"赶上了一个好时代，瞄准了一个好产业，打造了一个好团队，树立了一个有力目标"因素外，跟绿地实行内部股份制有关系吗？

张玉良：绿地1992年成立时是纯国企，1997年改制时，引入了现代企业制度，实行股份制，刚开始公司的股票没人愿意买，公司就规定干部必须买，员工则自愿，现在是只有骨干才能买。股票在内部实行有偿转让，每年公司有四次内部股权交易，大家聚集到总部食堂，按照集合竞价的原则进行股票买卖。绿地规定，离开企业的人员，必须在一年内按同期的价格出让其所有股份，重新进入流通。

我所持的股份不多，只有2%，绿地的股份主要是由上海市的国资委下属的两家企业持有，占51%，绿地900多名职工持有40%多。绿地员工的工资水平不比同行高，很多甚至还低30%，但是他们可以从股权中得到收益。员工们能感到企业是自己的，大家价值观类似、目标相同，这种所有制结构就比较稳定。

记者：从公司的高速发展中，员工可以得到丰厚的收益，稳定性容易保证，但会不会影响到奋斗的积极性？

张玉良：激励不够，鞭策不够，是很多国企效率不高的原因，人人都躺在企业身上吃，吃到企业负债累累，但绿地没有。我觉得首先是因为上行下效。我现在工作的状态是，一周工作六天，一年半数时间在出差，无论国内外出差只住普通标间，坐的车是很旧的老别克，七年没换过。前段时间我去韩国开会，他们安排我住商务大床房，但我就选了个普通标间，很多国企的领导都在，他们很惊讶我只选了个小房间，我说这是我的习惯，我一个人，一个房间一张床就够了，要那么大干吗？我听到有人说"难以想象一个世界500强企业的老板那么不讲究"，在我看来，每一分钱都是股东的。人前人后都做到一致，员工才服你，你个人的人格魅力、影响力也就有了。

另外，绿地虽然是国资控股，但不是一家独大，而是多家国企分散持股，客观上减少了不少行政干预。民营和国企各有各的优势，也各有各的劣势，绿地好就好在把二者的优势都吸收了进来，国企倡导的价值观、奉献精神，民企的效率、高效的决策机制。所以，"国有体制、市场机制"的"混血"模式其实帮绿地形成了内部动力机制，一方面，职工与企业间利益共享，决策者跟股东利益一致，如果决策失误，自己的利益就会受损，所以不会随意决策；另一方面，企业内部不讲级别只重类别，按经营规模、利润大小，划分特类、一类、二类企业，不同类别的企业待遇拉开差距，每年评一次，业绩不好的来年就划归下一类别，让职工个人利益与企业利益始终密切相关。

由下而上自我管理

记者：每年制定极具挑战性的增长目标，一直是绿地成长的规定性动作。除了总体指标，是不是在整个公司都推行指标管理？这种指标管理是不是就是内部动力机制的一部分？您如何看待这种管理方式的有效性和可持续性？

张玉良：我们过去实行的是上面向下面压目标。现在不是这样了，现在反过来，由下面向上面提目标，每个经济单位每年向总部提报自己的目标，自己给自己定位，一年做多少业务、多少利润，一年到头，完成既定指标的级别待遇往上走，经济待遇相配合。什么样的指标拿什么样的工资，享受什么样的待遇，包括开会坐第几排，这些都是全透明的。很多人都来向我讨教指标管理，我说我现在其实没用指标，实行的是一种自我管理。

这才是可持续的。

记者：2001 年之后，绿地从上海走向全国，很多工作您不可能像以前一样面面俱到，这时候您怎么做管理？怎么做授权？

张玉良：人的领导首先是精神的领导、价值观的领导、思想的领导，其次是物质的领导，最后才是制度的领导。这样的领导之下，一个人做事时，影响他作出决策的程序就会是：先想一想这件事是不是正当，他的自律会要求他自我思索"不正当的事该不该做"。接下来才是其他途径的约束。

德鲁克有一个很重要的管理思想，就是联邦制。总部只管大方向，在这个大方向下，各分公司可以全权处理本区域范围的事。大公司在快速发展中，联邦制是最合适的。部队打仗也是一样的，充分授权一线，指挥官远离市场是做不起来的。

记者：随着公司的发展壮大，创业时的那种激情会慢慢消退，您如何维持和激发团队拥有与创业时一样的工作热情？或者您是否认为，这时候应该通过让每个岗位变得更职业化，来实现公司的总体目标？

张玉良：这是所有大企业都面临的问题，2011 年 5 月份我们就提出了两条，第一，坚决反对精神懈怠，要永葆昂扬向上精神；第二，提高能力是永远的课题。现在公司有很多人不是不进步，而是慢于企业的进步，这也是问题。

　　我还是强调精神上的引导。我很自豪的是我们的企业文化，在企业文化中，我们有六个倡导、六个反对（倡导牢记使命、反对胸无大志；倡导昂扬向上、反对精神懈怠；倡导负有责任、反对扯皮推诿；倡导创新变革、反对故步自封；倡导同心同德、反对独断专行；倡导廉俭为本、反对挥霍铺张），这些都不是说说而已，而是切实在做。比如员工的共同价值观，我们强调顶天立地、有理想，又要脚踏实地。既要讲虚的，还要给员工能看到的东西。过去人们常讲学雷锋，我们不这么提，我们希望员工在作出贡献的同时能得到回报。人终归是要先讲求生存的，但完全只讲钱也不行。

　　就像职业经理人，为什么很多公司搞不下去？因为他只讲钱，没有钱就不做了。对于一个企业来说，这是不可持续的，企业家则不一样，只要企业需要，他就会为企业奋斗下去。把精神和物质结合起来去追求，跟只追求物质的结果是不一样的。把员工、消费者、股东放第一位，经理人做不到。赢了全拿走，输了转身离职，这样完全西化的经理人制度在中国行不通，也持续不了。除非把这种市场化跟奉献精神相结合。有一段时间职业经理人的身份很时髦，很多人提倡，但我不是特别认同。

领导要以身作则

　　记者：您是这家公司的创始人，对企业的感情很深，您可以以一个企业家的心境去做事、去奉献，甚至只拿公司 2% 的股份，可您怎么能做到

把这种个人理念、奉献精神变成一个组织的价值观？

张玉良：团队建设中有几个核心问题，第一，要建立共同的价值观。第二，领导人本身的价值观应该是市场化的，符合社会潮流的，而不是与社会脱节的、虚的。第三，领导人自身的标杆作用很重要。

"你问我要你怎么做，我说你看我怎么做。"这是我常说的一句话。你不需要告诉你的员工一定要怎么做，他会看你怎么做，除非他看不到。一层层的引导作用很重要，一般国有企业都会有员工写领导的举报信，但在绿地就没有。甚至有时候领导在外面应酬，员工都很同情，而不是像有些企业里面，员工心里会想，领导又去享受了。因为我们的员工们知道，公司的领导是在为公司做事情，而不是为私。你好我好，你不好我也不会好，反过来你好了我才好，这是我们共同的想法。我们的目标是共同的，利益是共同的。在我看来，工作主要不是看钱，如果是冲着钱去，我没必要像这样拼命工作，而是为了一种精神和理想吧。

记者：您拥有近 20 年的管理岗位经验，以自己为例，您是如何学会带人管人的？

张玉良：用文化引领人，用战略引领人，用以身作则引领人，这三条就是我的带人经验。公司文化要健康、向上，这是最基本的，也是最重要的。用战略引领人的意思就是，让员工愿意跟你干。如果没人愿意跟你干，团队是起不来的。绿地从零开始，全部是我带头干起来的；就像打仗，大家跟着你打，一直打，一直有进步、有胜利，大家看得到希望，那大家就愿意跟着你干。以身作则就是领导者自己要成为整个公司的楷模、表率。

CEO

附　录

张玉良的"背影"管理法

"桃李不言，下自成蹊"，是司马迁对汉代带兵打仗的李广的称赞，意思是他不会主动要求部下做什么，而是通过自己的勇敢和行动带领部下去做。张玉良在绿地倡导的带人策略与此不谋而合："你要你的下属怎么做，就让他们看你怎么做。"

绿地至今保持周六上班的习惯，但这只是一种习惯，并非强行的制度。这种习惯来自于张玉良的带头。在他看来，摆脱了工作日的烦琐应酬之后，周六是一个利于思考和学习的时间。由于经常打电话与下属交流，高层带动了中层，中层又带动了基层员工，结果到最后，周六上班就成了一种习惯。

与一般国企不同，张玉良在绿地坚决倡导人才市场化，不管是什么背景的人进来，没有业绩、不被市场和员工认可，就会淘汰掉。曾经有一位张玉良的同学被挖到公司当副总，因为出不了业绩，大家不认同，张玉良还是坚决淘汰了他。

TCL 董事长、总裁李东生
合资的真谛，是找到利益双方的"最大公约数"

TCL 集团股份有限公司（以下简称 TCL）创立于 1981 年，是中国最大的、全球性规模经营的消费类电子企业集团之一，旗下拥有三家上市公司：TCL 集团（SZ.000100）、TCL 多媒体科技（HK.1070）、TCL 通讯科技（HK.2618）。目前，TCL 已形成多媒体、通讯、华星光电和 TCL 家电四大产业集团，以及系统科技事业本部、泰科立集团、新兴业务群、投资业务群、翰林汇公司、房地产六大业务板块。

李东生：现任 TCL 董事长、CEO，集团党委书记，是 TCL 创始人之一。

"此时的鹰只有两种选择：要么等死，要么经过一个十分痛苦的更新过程。"2006 年，TCL 董事长李东生在一篇题为《鹰之重生》的文章中这样写道。彼时，TCL 的国际化并购之路正遭遇一个无比严酷的寒冬。

如今，比痛苦更痛苦的更新过程已然告一段落。TCL 是幸运的，它生逢一个"大潮起珠江"的时代，沿着中国改革开放的潮流前行，一路历经风光与凶险无数，最后在大浪淘沙中幸存下来。

从 2004 年到 2008 年，TCL 在国际化远征中的经历，已不能简简单单地用"荣辱"或"成败"来形容。正如汤姆·彼得斯（Tom Peters）所说，"变革是企业获得生存的唯一出路"。如果说六年前的国际化战略给李东生和 TCL 带来了意外的财富，那一定是这场征程让他和他的团队学会了如何将企业管理锁定战略部署，实现最终的转型与创新。

伴随着 TCL 业务的多元化、国际化成长，人们不难发现，李东生的管理风格渐趋"理性"。他在企业发展过程中的管理认知与反思，对渴望打造"百年企业"、"世界级企业"的中国管理者而言，不啻为最佳教材。

企业扩张期要敢于放权

记者：1989 年年底，您回到此前离开的 TCL 并出任副总经理，当时您喜欢选用个性很鲜明的人？

李东生：我喜欢有想法，善于学习、创新，敢于尝试的人，也喜欢用这样的人，这样的人常能独当一面，能领导队伍开拓一个新业务、新区域。

看中了一个人，我就会放手让他去做，让他帮我在我不熟悉的领域里打下一片天地。

记者：放手的同时，会否担心下属权限过大，时间长了很难管理？

李东生：当一个负责人开始有一块领域的时候，企业就会形成诸侯文化，给管理带来一些问题，但也不能说诸侯文化是错的，在相当长的一个阶段，诸侯文化是能带来正面影响的。

就像在中国历史中，中央政权也曾为了维持稳定而分封诸侯，让每个诸侯治理好自己的领地，由此形成整个国家的稳定。所以诸侯文化有它在历史上存在的合理性。

我最开始是做彩电业务的，因为接触比较多，对产品和市场都比较熟悉。但是接下来 TCL 要向其他家电、手机等领域扩展，就需要组建起一个熟悉不同领域的团队，要找到合适的人并充分授权，我只在新业务刚开始的一两年亲身参与、督导，后来只要这个人做得好就放手让他去做，基本不会太管他。而且，在后期，通过改制让他们持有一定的公司股份，以增加稳定性。后来这个模式基本也就成了 TCL 的业务扩张团队建设模型。

记者：您在 1996 年将 TCL 通讯产业集团、TCL 电子产业集团和云天集团合三为一后，提出"经营变革、管理创新"，是否渐渐意识到此前的扩张模式需要调整了？

李东生：是的。其实是在 2002 年的时候，我们开始发现这个发展模式的局限和瓶颈。

比方说诸侯文化，我发现企业不能太依靠个人，尤其当企业做到一定阶段的时候，没有一个管理系统，企业的运作就会越来越难。运作企业，机会的把握很重要，尤其企业规模小的时候，但对于一个相对较大的企业，防范风险更重要。

从 2000 年到 2002 年，因为诸侯文化的关系，TCL 基本是靠负债来增加资产的，与公司赢利无关的要求，这些项目负责人就不会同意去做，为了达到他们各自承诺的业绩，他们会不惜采取一切手段，哪怕是不合理的方式。对于一个规模越来越大的企业来说，靠负债来增加资产的风险会越来越大，要控制这种风险，就必须削弱诸侯文化。

另外就是比如任人唯亲，或总部命令下达、执行不畅等问题，都对集团运作产生了很大障碍。

记者：您用了什么方法来解决这些问题？

李东生：早在1998年伊始，我就提出了"对标"口号。推行对标管理，就是要把企业的目光紧紧盯住业界最好水平，明确自身与业界最佳的差距，从而指明工作的总体方向。根据企业发展战略，改革经营机制和管理机制，建立更高效率的组织结构和管理程序，从上到下建立更清晰明确的经营目标责任制和工作目标责任制。

从2002年开始，我们首先在财务方面开始改革，开始在集团内实行财务集中化管理，所有二级公司的财务都必须由总公司任命，资金由集团的结算中心和财务公司统一管理。

其次，我们开始引入人力资源体制，通过公司培训，让集团内的所有员工都开始树立相同的价值观，同时在业务技能方面开展培训，让员工形成共同的工作语言，提高工作技能。同时，各二级公司的人力资源总监也要由总部任命。

再次，统一品牌。在集团层面成立了品牌基金，由集团统一投放，统一管理。从 2006 年开始，我们对集团的品牌战略做了一次全新的诠释和整合。

"中西合璧"，改革管理方法

记者：2006 年，您借《鹰的重生》一文，开始在 TCL 推行大规模管理改革，是因为此前收购阿尔卡特、汤姆逊的国际化战略遭受挫折吗？

李东生：开展国际化战略之后，我们进行了反思，对企业内部的管理和文化，一些不适应企业当前阶段发展的、不适应国际化趋势的管理方法，全面进行总结反思，作出改善和提高。

借国际化的机会，我们总结了曾经支持我们成功的因素，比如充分授权、鼓励企业家精神等，并一一判断其在国际化阶段是否还继续支持着我们的企业发展。得出结论后，我们在鼓励企业家精神的基础上，开始建立系统的管理规范，并更强调职业能力的培养与提高。

就是说，在强调"企业家精神"的同时，也要克服"诸侯文化"，既要保持区域主管的个人主观能动性，同时也要积极帮助建立业务的流程和规则，最基本的是要建立财务规范体系，分公司的财务一定要由总部委派，并受总部管理和辖制。

另外，从 2007 年起，我们开始将集团的绩效管理考核内容分为经济指标、技术指标和重点运营改善项目三部分，同时在新的 KPI（Key

Performance Indicator，关键绩效指标）考核中加大了对非货币流动资产占用额指标的考核，并明确规定 KPI 达成率低于 60% 的总经理要引咎辞职。

规定要真正起作用，关键在于执行。KPI 考核规定刚出台不到三个月，王康平（原 TCL 家电业务负责人）就成了第一个因为新规而辞去集团副总裁职务的高层管理人员，之后还有另一位副总裁也因此引咎辞职。

记者：在并购汤姆逊、整合其欧洲业务的过程中，您被认为是付出了沉重的"学费"。

李东生：在阿尔卡特、汤姆逊的业务整合过程中，新的困难层出不穷，主要有以下几个因素：第一是组织结构导致业务整合缓慢；第二是欧洲人力成本之高大大超出预算；第三是两个企业的国内外资源共享难以实现；第四是公司文化的磨合之难超乎想象；第五是技术优势的整合流于形式。

记者：当时 TCL 的"中国式管理"遭遇了前所未有的挑战，并一度在跨文化的背景下出现水土不服的现象，您的团队是如何进行"自救"的？

李东生：当时 TCL 任命的国际市场高管阎飞，提出了在研发、制造、供应链等项目上的全面改制，并进一步谋求管理变革。在新的业务模式构架之下，阎飞进行了非常重要的团队再造，创建了一支一半欧洲人、一半中国人的精干团队。

对其中的 40 名欧洲员工，我们的标准是有能力、肯努力，对他们的要求详细到休假中每 48 小时至少看一次电子邮件，周末手机不关机。此外，还要具有文化伸缩性，也就是说，不能有种族歧视，对其他文化要抱持开放的态度。

按照这三条标准找下来，新业务团队中很多都是混血儿，而他们的优势在于，一个混血儿可以辐射好几个国家，除了英文以外，他们还会不少欧洲语言，这样沟通障碍也就解决了。实际上，新业务团队中很多人都能讲三四门语言。

同样，我们在挑选这个团队的中方雇员时，选人标准也差不多，都是挑那种比较喜欢欧洲，愿意与欧洲人打交道的人，认为和欧洲员工一起工作本身就是一种学习、一种收获。他们既没有改革开放之初，人们对洋人的那种盲目崇拜，也没有并购后的那种狂妄自大，心态都很平和、开放。

此外，我们还把一部分财务人员、订单管理人员和产品管理人员转移到中国来。因为总部和最高管理层都在中国，所以在研发和产品管理等方面，跟总部的沟通就变得非常及时、便捷、有效了。

记者：这支"混血团队"的战斗力变强了吗？

李东生：是的。新的团队组建，让 TTE（TCL 汤姆逊公司）顿时呈现出前所未见的朝气，这显然是一支可以战斗的、被注入了 TCL 基因的队伍。

记者：除了"用对人"之外，国际业务的管理模式是如何调整的？

李东生：首先是整合出垂直、简洁的管理体系。过去我们在欧洲设有法国、波兰、俄罗斯、意大利和德国等五大分公司，每个分公司都有独立的人力资源、财务、销售等组成的完整体系。我们的新业务团队果断放弃了这种臃肿、重叠的区域性组织架构，改五为一，由阎飞统一管理所有业务。

新公司下面是按部门分，比如说西欧销售部、东欧销售部、产品管理部、供应链部等。起初，每个部门都有一位主管，他可以在所负责区域的任何一个地点办公。后来，为了实现人力资源相对集中的要求，新公司再进行变革，保留了巴黎、华沙、莫斯科和深圳四个点。除了个别做销售和售后服务的需要在家里办公外，95%的人都集中在这四个点上，财务、人力资源都是垂直管理的。

曾有人问阎飞的同事："你们总部在哪儿？总经理、总裁又在哪儿呢？"同事不知道怎么回答好，说："总经理成天在天上飞。"阎飞飞到哪儿，"哪儿就是总部"。我们当时把目标锁定在欧洲的大客户上，对应的，欧洲业务中心同时还取消了所有的中转仓。

记者：这种管理方式是否被证明更适合国际化团队？

李东生：是。我们对此曾有过归纳，并称之为"无边界集中模式"，这一模式主要有以下几个特征：第一，不一定要在业务当地做，离岸方式优势明显；第二，打造一支跨文化的团队，成立真正国际化的法律组织；第三，实现中国激情和欧洲严谨的完美融合。

通过这种深层次的文化、业务的交流，大家彼此都建立了一种完全信任的关系。比如说，虽然饮食上存在巨大差异，大家都不爱吃对方吃的东西，但是他们会发现对方其他的优点。这种开放、包容的心态，对未来的发展大有裨益。

战略决策：要在对的时间做对的事情

记者：您在 TCL 的国际化道路上曾做出无数重要的抉择，需要做重要决策时，您一般是如何思考问题的？

李东生：决策有不同的类型，比如产品决策、用人决策、战略决策等。产品决策不用我来想，我要做的就是战略决策和用人决策。

做战略决策时，首先要考虑整个产业的发展趋势，以及当时的宏观经济趋势。每一个经营活动都要和当时的宏观经济趋势相符合，顺应产业的发展趋势，一定要做到"在对的时间做对的事情"。

另外，我会结合企业自身的能力、我自己的能力、我的团队的能力以及集团的能力，不做超出自身能力的事情。一个宗旨，作战略决策，要符合企业目前的实力，简单地说，比如企业第一年的营业额是 500 万，那么第二年的目标定在 600 万是合理的，要是定在 5000 万，这个决策就一定是失败的。

记者：在经营企业的过程中，是财务管理重要，还是商业模式的选择重要？

李东生：商业模式需要财务的支持，对未来不能做过多不切实际的设想，这些设想一定是公司的财务能够支撑起来的。比如说做一个新项目，未来能否成功，里面有很多不确定因素，你设想的那些机会如果不发生，或者不完全发生的时候，项目就会大打折扣，甚至夭折。所以，再好的商业模式，也一定要公司的财务能够支撑得住才行。

我倾向于把现金的管理放在所有管理中最重要的位置。以现金管理为基础，开展公司管理的系统化建设，这里面涉及很多管理方式、文化的改变。

记者：您一直求贤若渴，那您是怎么判断一个人能干与否？

李东生：必须要和他有一个接触，如果通过外部招聘的话，只能靠他过往的工作经验和面试时他传递过来的第一感觉。每次重要的岗位要在外面招聘的时候，我都是亲自见，而且只见还不行，还需要进一步的交流，了解他对行业、对这份工作的理解。

首先，要有责任感。有些人不习惯被约束，不代表他道德有问题，这是一种个性，但最基本的还是要对公司承担责任，对自己的职责承担责任，遵守基本规范，不做损害公司而谋取个人利益的事情。

其次，成长能力很重要，作为一个不断成长的企业，领导人要比较好学，能够不断地提高自身去适应公司的发展要求。一般高管最好要跟着公司一块成长，不要经常变动。

记者：如果您要为一个新的项目选一个负责人，一般通过哪几个方面来考量？

李东生：第一，他要对产业有比较全面的理解，包括产品的和技术的，他不能是一个在技术方面的门外汉。

第二，他对这个产品的市场理解要很深刻。不光是要会做市场推广，除了经验、热情和能力，还要对产业的市场渠道有一个深刻的理解。简单来说，能够卖好手机的人，不代表能够卖好电脑，能够卖好电脑的人，也不代表能够卖好电视机，因为不同产品的市场情况是不一样的。

第三，他要对整个企业的管理，特别是供应链的管理、系统的管理要有比较好的理解。企业出现危机问题，往往都是在供应链层面。企业亏损往往要么源于过量的存货，要么源于过量的应收账。如果没有管过企业，没有经历过这些问题，作出的决策也会容易出问题。我这里说的"理解"不代表他一定要很懂，但至少他要能够知道风险在哪里，他能够判断哪些人懂。

大企业的分工都比较细，好的企业运作依靠的是一个团队。每个环节一定要有该环节的专家，做产品有产品技术的专家，做营销有营销的专家，做供应链有后台的专家。而当企业领导，三样都专这是不太可能做到的，但你至少要精于其中一样才行。

担责意识与换位思考是经营者最重要的品质

记者：您经历了数次跨国并购，与本土、国际公司都有过合作，在这些商业合作中，一个经营者最重要的品质是什么？

李东生：商业合作中，最重要的品质是让人信赖，别人信赖你，才会放心跟你合作，而要赢得别人的信任，首先必须证明自己值得别人信任。

以诚待人，诚信共赢。这句话说起来很简单，做起来很难，也是我们能与他方合作的不二法门。要在合作中展现诚意，不能因被并购方的没落，就趁火打劫，表现得乘人之危，因为并购不仅仅是资产的收购，还包括人员和资源的重新配置，事为先，人为重。尤其在合并磨合期，主导方必须用公平和诚意以及实际行动来赢得对方的信任。

外商评价中国的企业时，经常会提到：很多中国企业领导者在办合资企业时，双眼只盯着己方的利益，天天为己方的利益打算盘，疑神疑鬼，唯恐别人占了便宜，而不是站在合资公司的共同利益上。如果合资双方不是协调配合，那么合资公司最终面临的一定是衰退和死亡。

站在合资公司的共同利益上思考、处事，这才是合资的真谛，而懂得如何去发现、争取和协调资源来达到自己所想达到的目标，这是成为企业家的一项重要能力。

记者：在您执掌 TCL 前，还有一段相当特别的经历，在惠阳（现惠州）当了三年的招商引资部部长。这段时期的锻炼，是否为您的国际化视野打下了基础？

李东生：是。那是在 1986 年，是离开 TCL 总经理岗位后的工作安排，主要负责惠阳在港工业项目的招商引资。我在那个岗位上做了三年，也历练了三年，收获很多。

我之前最欠缺的，就是跟外商打交道的经验。那三年工作的内容就是要跟很多外商进行合作谈判，我慢慢开始学习换位思考，以此平衡外商与本地之间的利益矛盾点，并通过寻找"最大公约数"的方式，找到双方的共同点。如此一来，一些在别人手里谈不下去的项目，甚至是投资方已经要到外地投资的项目，都有可能被我们争取回来。

CEO
附　录

鹰的重生

2006 年 6 月 14 日，在 TCL 的两个并购项目相继陷入泥沼之时，李东生写下了一篇《鹰的重生》，发表在企业的论坛里面，引发了集团上下上万次的转帖和回复——

这是一个关于鹰的故事。

鹰是世界上寿命最长的鸟类，它一生的年龄可达 70 岁。

要活那么长的寿命，它在 40 岁时必须作出困难却重要的决定。这时，它的喙变得又长又弯，几乎碰到胸脯；它的爪子开始老化，无法有效地捕捉猎物；它的羽毛长得又浓又厚，翅膀变得十分沉重，使得飞翔十分吃力。

此时的鹰只有两种选择：要么等死，要么经过一个十分痛苦的更新过程——150 天漫长的蜕变。它必须很努力地飞到山顶，在悬崖上筑巢，并停留在那里，不得飞翔。

鹰首先用它的喙击打岩石，直到其完全脱落，然后静静地等待新的喙长出来。鹰会用新长出的喙把爪子上老化的趾甲一根一根拔掉，鲜血一滴滴洒落。当新的趾甲长出来后，鹰便用新的趾甲把身上的羽毛一根一根拔掉。

五个月以后，新的羽毛长出来了，鹰重新开始飞翔，重新再度过30年的岁月！

施耐德电气中国区总裁朱海
并购是为了强化主业

施耐德电气股份有限公司（以下简称施耐德电气）是一家法国的跨国企业，也是世界上规模最大的能源管理、优化解决方案的供应商之一，主要电气产品包括断路器、传感器、控制器等电气设备，为世界各国的能源及基础设施、工业、数据中心及网络、楼宇和住宅市场提供整体解决方案，其中在能源与基础设施、工业过程控制、楼宇自动化和数据中心与网络等市场处于世界领先地位。自1836年成立以来，施耐德电气一直是法国的工业先锋之一，并且在19世纪末曾经是欧洲三大军火制造商之一。2008年，施耐德电气全球销售额达183亿欧元，在100多个国家拥有114000名员工。

朱海：毕业于北京大学，并先后获得中国科学院计算机专业硕士学位以及中欧国际工商学院的EMBA学位。1996年加入施耐德电气，历任自动化销售总监、低压产品市场总监、全球OEM（原始设备制造商）高级副总裁等职务。2006年曾参与施耐德电气与德力西集团成立合资公司的筹备工作，并出任该合资公司首任总经理。2009年9月，朱海被正式任命为施耐德电气中国区总裁，成为施耐德电气进入中国20多年来的首位本土籍总裁。

20 世纪 80 年代，为开拓更大的市场，施耐德电气开始采取积极的并购战略，先后将 100 多个品牌（包括 TE 电器、梅兰日兰、美商实快、奇胜等历史悠久的老品牌）纳入版图，从而涉足全球电气业的多个领域，并迅速成长为行业巨头。

1987 年，施耐德电气进入中国。2009 年，在施耐德电气工作了 13 年的朱海被任命为施耐德电气中国区总裁，成为这家跨国公司在中国市场的首位本土籍总裁，并以并购而闻名。

朱海有多会做并购？他能做到让合资方老板把自己当亲人一样去信任和对待，能做到让对方还不懂他为什么做某件事的时候，单纯因为信任他，而无条件支持。在全球并购成功率不到 25% 的比例下，朱海操刀的并购案基本都很健康地活着。被问到并购成功的真谛是什么时，朱海抛出的词是"分享"。因为真正能够长期的合作一定是会让双方都得到利益。

朱海特别强调说："施耐德电气的增长，不管是全球还是中国，主要是靠内部的业务增长。我们整个公司在过去五年内业绩翻了一倍，全球一半以上的增长是来自于内部的业务。"他并不觉得自己是一个并购强人，"我只是在适当的时候选择适当的手段来促进企业发展而已，并购不是目的，而是手段之一"。

"并购看上去很华丽，但背后的工作量是惊人的。"朱海表示。一方面要放眼市场，挑选符合自身战略需求的公司开展合作；另一方面又要回到内部，努力将合资、并购来的品牌或公司经营成"一家"公司。"你不是某一个投资方的代言人，你把这个问题摆正了，这个企业就有希望了，而且你也会得到双方的认可！"朱海如此忠告所有进行并购的企业 CEO，这亦是他的并购信条。

并购是万不得已才为之

记者：施耐德电气的产品比较多是 B2B（商对商）业务，很少直接面对消费者。对于不认识施耐德电气的消费者，您会怎样介绍施耐德电气？

朱海：我们不生产发电设备，也不生产用电设备（家电、电灯等），我们只做能源管理，为消费者用电保驾护航，让你在家里不会遇到触电的问题，不会遇到短路引起的火灾，也不会让雷击毁坏电器，当出现这些问题时，我们的产品会保障电力自动断掉，保护你的设备安全。

所以，你可能无时无刻不在使用我们的产品，但因为我们不直接给消费者提供产品，属于间接工程，所以消费者可能不太知道我们。如果你是在城市里生活，那你一定接触过我们的产品。我们在这个行业里市占率很高，中高档用户用的一定是施耐德电气的产品。

记者：作为施耐德电气在全球的第二大市场，总部和您对施耐德电气

在中国未来的发展预期如何，有机会跃居第一大市场吗？

朱海：要预测未来，先要明白过去的发展思路。施耐德电气在中国的发展，其实跟中国改革开放的 20 多年正好同步。第一个阶段是摸着石头过河，我们在中国尝试着建合资企业，做一些转移。其实开始的时候是赔钱的，当时第一个引进的就是断路器，大家原来都是用铜丝，一根铜丝 5 分钱，但一个断路器要价 20 块钱，一对比那可是天价。但我们都觉得这个市场会很有希望，决定进入，慢慢地普及推广培育市场。这有点像是去非洲卖鞋子，当时我们投石问路，尝试着让中国这个市场从不穿鞋子到穿鞋子。现在市场的巨大变化我们有目共睹，大家如果再不穿鞋子就很可笑了。

随着中国政府政策的不断开放，我们启动了一系列的工程，引入了更多的合资企业，甚至一些业务模式。当时中国政府也是刚开始允许外资企业有自己的营销中心，我们是中国第一批允许外资企业控股公司经销子公司产品的公司。随着政策的放松，我们又办了一系列的合资企业，然后加大了这方面的生产。意义何在呢？这样一来提高了整个行业的用电安全，原来只要有电就行，现在大家更关注用电安全质量，这一变化施耐德电气在其中做了很多工作。

然后到了 2000 年，大环境非常好，人才也培养得差不多了，我们开始了第三轮大规模投资，研发、制造技术也都过来了，现在我们考虑的是在未来如何更加稳定地立足于中国。我们做了许多事情，比如鼓励中国原创（China for China），甚至还要考虑慢慢把中国的东西向全世界推（China for Global）。

施耐德电气更有价值的地方在于，我们是真正的国际化公司：法国公司，德国名字，第一大股东来自美国，第一大市场也在美国，但员工人数最多的是中国。管理层三分之一在美国上班，三分之一在亚洲上班，三分之一在欧洲上班。

国际化的公司与跨国公司不同，跨国公司只是把同一种业务模式在不同国家不断地复制，效率高、决策简单；而国际化公司会基于当地情况，因地制宜地推出相适业务模式。根据 UNDP（联合国开发计划署）2011 年的统计，施耐德电气在全球 500 强中的国际化指数排第 13 名。

记者：外界评价施耐德电气长期以来以收购的方式获得成长，这是在全球都一致的成长模式，还是因为中国的商业环境和政策，才采取的积极做法？

朱海：第一，我不完全同意这个观点，那只是别人了解我们的一个侧面，比如你认为我很会做管理，但其实我还很会打高尔夫球，只是你没看到而已。以数字来说明，施耐德电气在过去五年成长了一倍，不论在全球，还是中国，50% 以上是靠内部经营的增长。

第二，施耐德电气是一家很专注的公司，我们不是靠买卖公司来赚钱。一些公司做并购的方法是，只要你是行业前三名我就买。我们不这么做，我们做并购的目的，是为了帮助提升我们的行业核心竞争力，我们只做一件事情，就是能源管理，不只是能源输送，还包括提高效率，除此之外，其他的东西我们不做。

第三，我们看似做了几个一般的外资企业不敢做的并购，但其实都是合资企业，并没有真正意义并购。施耐德电气在中国的合资，不管是"指腹为婚"的，还是"先结婚后恋爱"的，或者"先恋爱后结婚"的，到今天为止，我们的"婚姻"都很健康。所以我们的优势不在于并购，而在于怎么跟合资方过好日子。

记者：在强化既有业务、能力的基础上做合资或并购，主要是通过并购获得技术、团队，还是渠道、市场？选择合作或收购对象时，有没有什么标准？

朱海：能够靠组织自己做到的事情，我们就尽量不去并购。并购看上去很华丽，曝光度很高，但前后的工作量是巨大的，需要付出很多的代价，企业是不得已才为之。

另外，并购带来的风险也是巨大的。并购成功的，即达到预期的业务计划，是少数，只有10%是理想的，10%~12%是还可以的，多数是失败的。

所以，不管别人怎么评价施耐德电气会做并购，我还是要说，能不用并购手段，就不要并购。不得不做并购的时候，肯定是要为了弥补某一方面的缺陷，或者自己做不到的东西。对施耐德电气来说，可以是渠道，也可以是技术。在中国，我们也买过技术，物美价廉的技术，而且正好是中国市场需要，而国外没有。有的收购是为了业务模式，它覆盖的市场是我已有的渠道做不到的。还有的收购是为了 DNA（基因），DNA 是一个企业的核心竞争力，很难复制和再造。

记者：施耐德电气参与的雷士照明合资案很受关注，您在这场合资中"购买"的是什么？

朱海：这里我想先解释一下"创新"这个词，它不仅包含产品和技术，现在很多创新都来源于解决方案、业务模式，甚至体验方式。苹果的创新就在于用户体验，它的技术在市场上都可以找到，可以说苹果的创新在金字塔的最高层。

我们为什么投资雷士照明？唯一的目的就是使用它的渠道，照明产品我是不做的，所以也不会去开这台车（指控股雷士照明）。投资它的渠道，这就是我的创新。因为买灯的用户一定会买开关。跟一个互相有关联性的企业进行合作，甚至通过合资的方式，把我们商务上的纽带加强。

关于并购，大家原来只看到全资收购、合资，现在我还给大家展示了第三种方式：搭车不开车，作为一种战略投资人，而不是财务投资人。他们（雷士照明）把车开得很好，我搭车把我的东西卖掉就可以了。

记者：怎么判断以多少的投资，获得想要的那部分价值，比如渠道？

朱海：这是商业机密。首先我们产品是互补的，财务投资增加了我们之间的关联与互信。互补的意思是我也会给对方带来利益。长久的关系一定是互利互惠的。虽然我是雷士照明的投资人，但在业务层面，我们也要为对方作出贡献。通俗点讲，它的用户要买灯，我的用户要买开关，双方互利互惠的空间很大。

以9.2%的股权投资渠道，这样的创新在中国恐怕我是第一个。在香港，我跟PCW（电讯盈科，香港最大的电讯公司）合作，10万个高端家庭都是它的客户，我们就一起做"智慧家庭""宜居家庭"项目，通过它在"最后一公里"把我拉进去。

未来我们各种各样的合资、合作会更加多姿多彩。

购入后管理：得人心是第一位，努力赢取信任

记者：合作一开始，组织一定会面临动荡，包括人员、文化、资源、市场、渠道都面临整合，作为合资企业的总经理，您从第一天起会着手做哪些事情？

朱海：道理很简单，就是任何一个合资公司的总经理都要明白，你是合资公司的总经理，不是某个投资方的代言人，把这个位子坐正了，这家企业就有希望了，你才会得到双方的尊重。不管是我去管合资企业，还是派人去，走之前，我交代的话里，这是最重要的一句话。任何一个投资方都希望企业要做好，这样大家才能找到共同点，如果你把企业利益和股东

利益混成一团，别人因此戴上有色眼镜看你，就不会再支持你了。

为了赢得对方的尊重，有时候你甚至要牺牲一点自己所代表的股东方的小利益。比如对方需要施耐德电气的帮助，施耐德电气就派了五个人去帮忙做些事情。你不能因为对方不能做这些事就乱报价收钱，你要按实收费，或者就免费，我很多时候都说算了不收钱，别人会看到你是怎么做的。我管过一家合资公司，对方把我们的财务人员请过去，想要看看我们的账里有没有搞过鬼。通过小事，通过关联交易，看你做事诚不诚实。

这种信任是要一天一天地建立起来的，总经理需要想好，自己是要把企业带好，还是仅仅为了给自己的股东赚点蝇头小利？把这点看明白，就成功一半了。

记者：这是您对一个合资企业管理者的忠告？

朱海：对。最近我开始玩微博，为什么开始玩？因为这个平台上大家都是平等的，如果你要自上而下地做事情，很可能得到的就是板砖，如果要去民营企业做事情，也一定得这样子。一方面他们欢迎和尊重你，但你不能因此就把自己当成一个"人物"，而要成为他们中的一分子，这点非常非常重要。

比如大家都去食堂吃饭，我也去，甚至我会住公司的集体宿舍。大家的办公室都没装修好的时候，我的办公室也很差，楼下炒菜的油烟经常跑进我的办公室。我还规定跟我一起过来的人必须向他的上司汇报工作，不能因为他的上司是被并购方的，就越过他向我汇报。有些人跟我抱怨，对方能力不一定比他强。我提出两个选择给他，要不就帮对方把不强的地方做强，要不就回去。为什么这么做？我带的团队只有10个人，但我面对的是一家拥有5000名员工、几百个主管的企业，如果我们给他们留的印象是高人一等，我是没办法生存的。

所以，要赢得人心。既然并购了一家企业，那这家企业一定有它优秀的地方，你要把它挖掘出来。

此外，你得明白，你想要的权力，不是股东赋予你的，而是自己赢得的。得到多少股东多大程度的信任，意味着你有多少空间做多大的改变。有人称呼我是温州最有权势的CEO，实际上就是我花了很多的精力去赢得股东们（德力西的股东有50个）的信任。如果他们不支持，我会寸步难行。

记者：就像美国不管哪个党派的领导者赢得竞选，最后他都要宣告：要当一个全民的总统，而不是哪个党派的总统，上台后更要努力去赢得对方党派的信任。

朱海：是这样。管理是分"道"和"术"的，合资企业要运转起来，更需要"道"层面的东西。中国有句古话"得道多助"。作为合资者，你带给被合资企业的很可能是他们原本没有的东西，你要做到让他们即便不懂还支持你做，就要靠"得道"，靠他们对你的信任。

真的要做好一家并购企业的管理者，关键在于"道"够不够高，跟

"术"关系不大。这是我的个人观点。

记者：进入一家合资或并购企业，其实一定会做的一件事就是改变，尤其当你要推行新的做法，或者对人事作出调整时。该怎样应对这些阻力，并把计划的改变执行下去？

朱海：总的来说，并购完成后的前 100 天是很关键的。对方请你来就是要做改变的，不破不立。在这前 100 天，所有人都准备着要变化，也期待着变化。所以动作一定要快，每一个动作都要掷地有声。

并购德力西的时候，有一个很好的机遇，因为我们等外经贸部（今商务部）的审批等了近半年。利用这半年时间，我好好地调查研究了这家企业，我坐车到全国各地去访问它的用户，包括德力西高管很多年没去的地方我都去了，跟各个城市的员工进行交流。外面人看起来我们很传奇，并购后短短 90 天可以做那么多事情，但大家没看到我在前面六个月的准备。当然，并不是所有的并购都有这样的幸运。

记者：关于前 100 天都做什么，您有没有一个标准的作业程序？

朱海：这个很难讲，各个企业在这 100 天里做的事情不一样。比如我们首先把合规看得最最重要，别的企业就不一定。如果你要做一家公开的企业，那合规就是很重要的事情，我可以以牺牲短期的销售额为代价。

想要立竿见影，做不成并购。容易摘的果子早就被摘走了，让你来并购，肯定会有挑战。

别老想成功，要做长远的事

记者：并购常常一掷千金，您怕不怕失败？

朱海：我做事的心态就是"玩"。经理人不要老想成功这个词，那样容易短视，不能忘我，老是会想"别人怎么看我？""我做不出来怎么办？"要做好一件事情，首先要有领导者的心态，眼光长远一点，不在乎别人怎么看自己。做点跟公司长远发展有关的事。

我曾跟着一个老板做事，他教我，当你做一件事情很犹豫的时候，问自己两个问题：第一，如果这个公司是你的，为了公司利益，你会做什么决定？第二，为了公司长远的利益你会做什么决定？

如果人生是一个舞台，我们都是演员，最好做一个"票友"，真心热爱演戏，而不要总想做"角儿"，不要总想着收视率、观众、影评、竞争者的出场费等东西。一个职业经理人最需要提高的东西，就是心态。

记者：可是，大家都想当主角，没有人会说我只想要玩票吧？

朱海：票友是真心在演，角儿不一定。为什么会有假唱？因为他把表演当营生。

我只做我喜欢做的事。如果一个人，喜欢的事与在做的事，以及能做的事，三者重合，那么他是最幸福的。一个人不应该去追逐利益、名气的最大化，而应该去寻找什么东西最适合自己，并在其中体会到幸福。这就是成功。很多人生哲理都在谈放下，我的哲学就是，为什么要把自己先端起来呢？不要把自己端成一个角儿，那会把自己累死。

有这种心态你才敢做长远的事，做决定时能够忘我，做出来的决定才最科学。

记者：做长远的事，这个道理教科书很早就告诉我们了，可具体该怎么做，您的经验是什么？

朱海：我近十年就很少花时间看六个月以内的事情了，我都看半年以后、未来两年的事，我每天的工作不在当前业务上。

这是一种习惯。

当你抵抗住了短期压力，并从中得到回报，你就会更加痴迷于这样的心态和习惯。人无远虑必有近忧，当我比你看得远，我就一定比你有优势，所以一定有回报。

记者：是不是要特别有天分才能做到看得长远？还是有什么方法和习惯可以训练？

朱海：我的方法就是把自己闲下来，这是时间管理的问题。一个人之所以不能看得长远，是因为自己的时间被别人填满了。闲了之后就会胡思

乱想，胡思乱想的东西中，往往蕴藏着未来的道路。

在法国时，我给我的秘书一个任务，他必须在我的日程中安排一半的时间是没有事情的。现在我考核我的秘书的KPI中还有这一条：我一天有多少时间是闲的。因为要把时间填满太容易了，但忙不是一个好的状态。

IBM提出一个词"Think"，就是强调思考，人一旦思考，就会考虑长远，否则就会变成救火员。刚开始工作时，我很自豪自己是个救火员，做很多决定，把很多问题都快速解决了。后来有人说你可能一辈子就是个救火员，这点醒了我。

记者：所以德鲁克一再提醒，职业经理人要为自己创造思考的时间。

朱海：每年我会给我的秘书写邮件，告诉他这一年我的时间应该怎么分配，比如多少时间放在战略上，多少时间花在人事上，多少时间花在对外沟通上，多少时间放在学习上，我自己先有一个比例分配，然后要求他在安排工作时尽量符合我的目标。比如如今我要求我有10%的时间是与数字、新媒体挂钩的，因为我觉得它们会影响到公司未来的战略。

我2013年做得还不够好，明年要更好。

记者：位阶越高的人越不敢承认自己有极限，您很勇于承认。但是如果公司要求您做到140分，您说您只能做到100分，那您怎么知道是不是

撑一下就可以做到 120 分呢？

朱海：我了解自己。我知道自己的强项和弱项，每个人都有弱项，但只要把自己的强项做好就够了。不要挣扎着去做让自己感觉不幸福的事。这里有能力的问题、潜力的问题，还有生理极限的问题。比如公司现在给我很多项目去做，我觉得从生理上已经不能承受了，就不愿意去接受这些事情。我想要的状态是工作与生活平衡，每天只工作八小时，现在已经每天工作 11 个小时了，已经太多了。

我不太知道什么叫奋斗。但是我知道当你把工作当成玩的时候，效率才是最高的。打工者要开心打工，发挥才最出色。

比如说微博。我开微博的目的很简单，我要体验社交媒体的酸甜苦辣，想让我们的员工、我们圈子里的人能够了解我。他们往往只看到我的一面，没有注意到我的另外一面。我要提供这个机会给他们。我还希望能够了解到其他人对我的看法和要求。我不会去追求拥有多少万粉丝，我甚至没打算对外大张旗鼓地宣传。有几个商界很有名的大佬对我说："朱海，咱们炒作一把，把你炒红。"我说："不用，我只关心内容，只关心是否有人愿意来看。"我每一条微博都花了许多的时间在琢磨，发了一条之后再琢磨下一次怎么解释更好，对我来说这很有乐趣。这就是把工作当成玩了。

记者：绝大多数主管抱怨自己的生活与工作没办法平衡，您怎么有

办法？

朱海：要学会放弃。如果我全力以赴，我应该会达到更高的高度，但我不稀罕那种东西。经营人生与经营企业是一样的。

CEO

附　录

朱海的管理心得

并购后黄金 100 天，做什么？

并购成功与否，并购之后 100 天的时间非常关键。研究发现，在这 100 天内，理念和变革是最容易被交易双方接受的，一旦超过 100 天，员工、领导、管理层能够接受改变的程度就会大幅下降。

2007 年 11 月，全球 500 强企业施耐德电气与温州民营企业德力西，合资成立德力西电气有限公司，由朱海出任总裁。上任伊始，他掷地有声地做了两件事：

第一，解决人员冗余，对事不对人。在六个月的调查（并购前）结束之后，朱海做了一张组织架构图，把前 150 个经理的位置都定好，画出框框，然后让他们把人放进去，没有框框的人就没有工作，放进框框的人朱海再进行面试。

如果有人觉得框框人少，还需要增加哪几个框框，可以再来讨论。最重要的原则就是"确保公平"，一定要对事不对人，不能一开始就有一个黑名单。

第二，规范化。人员到位后，高管团队与新入职员工逐一谈话，了解他们的想法与之前的工作方法，把员工说和做的一致性做好，以此形成规范。不要抱持"我有比你更先进的流程"的想法，然后把己方的流程直接强加给对方。

在此基础上，规定每个人都必须向他的上司汇报工作，不能因为对方是被并购方的，或者认为对方能力不如自己，就越过他汇报。

管理者的角色是选好马，而不是赶马

驾驭一辆马车有两种做法，一种是拿鞭子不断地抽它，让它走得更快；还有一种是选一匹好马，你控制缰绳，不断调整它的速度，必要的时候甚至降低它的速度。朱海认为，自己做管理就是把精力放在选一匹好马上，然后他拉着缰绳就会起作用。

如何选好马，朱海看重三个方面：

第一，头脑。交谈识人。朱海很看重一个人的概括总结能力，他发现，有的人可以罗列很多东西，但他总结不出来。因此，面试中的交谈是重要的识人场合。通过交谈，可以看出他是否能看到别人看不到的，总结出别人总结不出来的，从而看出头脑如何。

第二，心胸。首先是道德，然后是智慧。看一个人的"智"如何，就看他做决定的出发点，以及他用什么样的人，有些人只用比自己差的人，那这个人肯定也不怎么样。要是敢用比自己强的人，那他的胸怀和智慧就都反映出来了。

第三，胆识。有创新，敢于去做一些决定，这对一个经理人来说会是一个飞跃。老板们都不怕丢掉自己一生的财富，职业经理人为什么要害怕丢掉自己的饭碗？

"有些职业经理人有太多困惑，就是因为读不懂自己，不管是性格还是能力。有些人觉得自己能做 100 分，我看他就只能做 50 分。不能识己的人不是不能用，而是在选拔顶尖人才的时候，不能用这样的人。"

朱海说，他最注重面试，可以通过面试来观察一个人的日常小细节，进而推断出这个人的特点、心态。比如说，他曾经跟一群人聊天，当时整整坐了一屋子人，只有一个人打着领带，整整齐齐的。朱海对那个人说，你应该很在乎这份工作，你从来不打领带，今天为了见我却打上了，而且还是对着镜子打的，故意带了一个小弯。这就是识人。我们每天都在识人，每天都在观察人的心态。

除了识人，作为职业经理人，朱海倡导打工者要有企业家的心态，把企业当成自己的去做，更要有勇气抵抗住短期利益的诱惑，做长远的事。

CEO

第三部分
人才培养的奥秘

携程 CEO 范敏
好服务要经得起复制

　　携程旅行网（以下简称携程）创立于1999年，总部设在中国上海，员工16000余人，目前公司已在北京、广州、深圳、成都、杭州、南京、厦门、重庆、青岛、沈阳、武汉、三亚、丽江、香港、南通等16个城市设立分支机构，并在南通设立服务联络中心。2010年，携程战略投资台湾易游网和香港永安旅游，完成了海峡两岸暨香港、澳门的布局。

范敏：携程创建人之一，毕业于上海交通大学，取得学士和硕士学位，并曾就读于瑞士洛桑酒店管理学校。范敏曾任上海新亚酒店管理公司副总经理，上海旅行社（上海新亚国旅）、大陆饭店总经理等职务。2006年2月，范敏任携程计算机技术（上海）有限公司首席执行官，此前历任携程首席运营官、执行副总裁。2013年2月21日，由于梁建章的回归，范敏退任携程总裁。

几乎很少有人会把携程看做一家互联网公司，与同时代创办的新浪（1998 年）、网易（1997 年）、搜狐（1996 年）、腾讯（1998 年）等互联网公司不同，携程（1999 年）建立之初就把注意力放在了旅游上。从最早的旅游网站，到酒店预订、机票预订、度假、商旅管理……因为 IT 技术的加入，携程在旅游业开创了前所未有的业务模式、经营方式和商业规则。

　　2003 年，作为互联网寒冬后的第一只中国概念股，创立了四年之久的携程成功登陆美国纳斯达克，发行价为 18 美元，收盘价达 34 美元，增幅近 90%，创纳市三年来开盘当日涨幅最高纪录。此后数年，携程一直维持着 50% 左右的年增长，并长年占据着在线旅游市场的半壁江山。

　　这是一单非常漂亮的成绩。它开创了一个新行业，并且走过 13 年无竞争对手能出其右。

　　携程模式很独特吗？

　　事实上，就其主要业务而言，携程就是一个在网上售卖机票和酒店的销售渠道商，拿酒店资源吸引用户，再以用户资源吸引酒店，如此形成一种良性循环，合作的酒店越多，吸引的用户就越多，反之亦然。而携程则以从酒店和航空公司收取佣金的方式实现赢利。

　　一站式在线旅游服务提供商，这是携程给自己的定位。在某种意义上，携程就是一家电子商务网站。

　　从模式上讲，这种成功可以很快被复制，但现实没有发展成这样。难点在哪里？

　　不排除有人将携程"拥有上万坐席的呼叫中心"和"仿照工业化流程建立的作业标准"视为一种负担，而不愿跟随，转而选择从更细小领域、以更轻便的方式切入市场。但毋庸置疑的是，凭借"鼠标＋水泥"，携程走过了近 13 年而无同行能够跟随。它的成功，不是虚言。

　　未来的携程能走多远，能多大程度上抵挡越来越多竞争者的加入，其已有的积累（规模、行业认知、人力资本和管理经验）是助力还是阻碍，那个曾把所有竞争对手遥遥甩在后面的"难点"，是否还能让携程持续领先……

"旅游行业，无论怎么竞争，都绕不过服务这个坎儿。"在和梁建章、季琦、沈南鹏一起创办携程之前就从事旅游行业的范敏，十分坚定地回答，"好服务不是笑脸相迎，现代服务业也不等于不用人就能服务。能做到精益化，才算最大挑战。"

服务业要标准化，更要精细化

记者：在做服务业的企业有很多，携程也是在做服务业，只不过是用互联网的手段。十多年下来，对于现代服务业，你觉得有哪些要素是要特别重视和把握的？

范敏：从现代服务业的角度，我们有些心得的地方在于，我们对于如何把服务变成可以体系化运作的事业，做了比较多的尝试。大家对服务的传统认知就是笑脸相迎，服务态度好，提供的产品多一些，多做一些回访，认为这些就是服务，但这远没有上升到体系化的运作，也没有涉及在售前售中售后做精细化的研究。

记者：这套流程、做事方法，是怎么摸索、设计出来的？

范敏：我们提出的是要打造精益化服务体系。2010 年，我们参观日本丰田汽车公司，看他们的精细化怎么做，他们提出要精简，之后还参观了日本的服务企业，回来以后我们提炼出了精益化服务体系。虽然听起来很学术化，但我们研究出了一个模型，尝试把理论变成实际。

首先是对服务的认识，它的含义不是就服务谈服务，而是要思考：服务究竟可以分为哪些环节？售前、售中、售后，哪些环节是重点？究竟什么是服务好什么是服务坏？这其实需要向成熟的服务企业借鉴，但是在中国尚没有做得好的服务企业，也没有科学的、系统化的服务业管理经验。所以我们在做的算是一些尝试。

关于精益化服务体系，我提出了两点，其一是要做精益，现在在国内，很多企业都把服务当做口号，或者对客户态度好一点，客人给写一个表扬信什么的就是服务好了。而我们则是要把它变成一个科学管理的体系。这是携程与别的服务企业比较不同的管理理念。

我这里列出了六个精益服务的管理工具，分别是"目标客户管理体系"、"精益服务设计体系"、"全面质量管理体系"、"人力培训和知识管理体系"、"客户服务保障体系"、"精准整合营销体系"。现在我们重点在做的就是对客户的需求进行研究，对目标客户做分层管理。

记者：对不同的客户会有不同的推送吗？

范敏：是的。我们会先对客户作出判断，是价格敏感型的还是价格不敏感型的，比方说，如果是价格敏感型的，我们会推荐特价普吉岛游，如果是不敏感型的，可能就推荐马尔代夫自助行。

记者：是通过系统自动实现的还是要人工区分？

范敏：网站后台有客户的信息记录，然后我们在做 EDM（E-mail Direct Marketing，电子邮件营销）的时候就会进行区分，人以群分。我们可以通过分析进行区隔，对不同消费特征的客户进行分类和需求挖掘。

记者：通过数据分析、推导性的服务产生的销售，占到多大比例？

范敏：这个我们也做过分析，通过这种分析和推导产生的销售，比例不可能太大，但客户黏性会增强，会形成一种增量。

记者：为什么会选择日本丰田汽车公司作考察？他们是制造业，你们是服务业，为什么需要向他们学习？

范敏：用制造业的标准来做服务业，这是我们的要求。精益化服务不是单纯对丰田精益生产的复制，我们的重点在服务，追求的是最精准、最有效、最到位的服务，所以我们要强调标准化、精细化和系统化。这个境界很高，但有了更高的服务理念，下面的合力才会达到最大化。另外，服务不是个独立的东西，不是露出八颗牙齿就是好的服务，服务跟客户的挖掘、精益服务的设计、精准营销整合体系、全面质量管理、人力培训、知识管理培训等，都是相关的，而且任何一个维度做得好的话都可以成为该领域的佼佼者。

垄断市场不能靠低价

记者：我很欣赏你管企业的模式，就是做一个东西，就精细化地去做。但有这样一种理论和现象，尤其在互联网行业中，就是商业模式的创新，会把原来形成的积累绕开去。携程所在的行业中，也出现了一些"轻"公司，在未来的竞争中，会是怎样的？你们会被他们这种新模式绕开去吗？

范敏：旅游行业，无论怎么竞争，都绕不过服务这个坎儿。至于说以后我们这个行业的服务都不用人去跟进，完全自动化，那是不可能的。

之前的互联网，坐在电脑前的是狗是人没有人知道，现在的互联网，你穿什么内裤别人都可能知道，其实是把一切透明化了。十年前，大家做的只是offline（线下），如何判断客户的需求？看他的穿着、配饰。现在有了online（线上），我们从他点击查看了哪些页面、在哪些页面停留了更多时间，就可以分析出他的需求，线上更有可能做到科学管理，也更需要建立一个好的服务流程。

现在市场上出现了诸如去哪儿这样的搜索类旅游服务公司，它就不能对用户进行追踪，用户通过它有没有产生交易，产生了交易之后体验怎样，它收集不到，但用户确实存在这种需求。而且通过研究用户，才能主动推送新的产品给他，企业才能产生新的增量。

记者：1999年，携程创立时，从运营模式和管理上，全球和国内有

153

没有可以对标的公司？

范敏：中国企业的创新很多确实借鉴了美国的企业，毕竟他们走得快。从某种角度来说，在大的行业里，所谓颠覆性的东西不太可能出现，最多的是微创新。我们创立的时候，美国有几家在线旅游服务公司，我们的网站形式就是从他们那里借鉴的，但管理上我们有自己的特色。

从架构上讲，携程是运用了互联网公司的理念，对互联网的运作和传统行业的运作进行了有机结合，自觉不自觉地运用了O2O（Online To Offline，线上到线下）的模式，重视用数据说话、分析，重视客户体验，线下则包括建设营销网络、建设旅游地面接应（地面服务网络，而不是销售网络），所有携程的工作不是只坐在电脑间里就能完成的。不仅要搭建网站，还要有非常强的资源整合能力。不同的产品线采用的是渐进性的切入，从酒店预订、机票预订，到商务管理，再到休闲度假，这是一个循序渐进的过程，不是此消彼长。

记者：你们最近五年来的毛利率是在增长还是下降？

范敏：我们的毛利率从2011年开始下降，前几年高的时候在30%~40%，由于高所以引得不少企业进来抢市场，现在在20%左右。从去年开始到现在，携程在提供优惠产品上做得比较多，这是造成毛利率下降的一个原因；还有一个原因是我们在做新产品开发。一个成熟的市场一定会逐渐走到20%~30%的水平，国外同行的毛利也处在这个水平，所以我们现在的利润率是比较正常的，早期赚的是行业的红利。

记者：携程未来发展的方向是什么，为客户提供定向性的服务吗？

范敏：服务的提供和设计，会越来越有针对性，从大规模标准化，走到大规模群分化，加入精益化之后最后走向人性化，只有很小的群体能实现个性化。这每一层的递进都是通过不断研究和分析实现的。在这个递进过程中，管理成本看起来会上升，但做到一定层级后，成本就会被吸收掉。

借力科技，复制优质服务

记者：对管理来说，现在的信息是极丰富了。会不会出现什么问题？

范敏：对，20 年前，我在做传统公司总经理的时候，可以进行分析的数据是很有限的，大家往往是拍脑袋做决定，但现在不是，线上都有痕迹，电话都有记录，什么时候打进来的，什么时候挂掉的，客户敏感的关心点在哪里。现在的问题不再是资讯不够，而是资讯太庞大，怎么有机地去提炼信息，为我所用，变得很重要。我们现在说的"把服务做好"，和十几年前的"把服务做好"，之间的科技含金量差异太大了。

记者：服务 1000 个客户与服务 10000 个客户，是一个概念吗？

范敏：我们为什么提精益化服务？因为在科技的帮助下我们真的可以

做到，如果携程只有 1500 位客户，我可以把对客户每一秒的服务都精益到位，但现在有一万多，那就只能先把这些客户按群体进行分类，然后再把服务逐步逐步精益化。到那时候我们的服务就一定是超越所有竞争对手的。在这个过程中，我们还有非常多的东西需要在实践中摸索和提炼。

在现代服务业中，确实需要形成更强烈的科学管理理念，以提升服务品质，而不是喊口号、靠经验去提升，过去的经验不一定适合于今天，我们需要从客观的数据中去分析该做什么、该怎么做。科技手段提供了做好服务的极大可能性。

记者：别的公司做旅游网站，他们的逻辑也是这样的吗？

范敏：跟我们类似的有艺龙；比较不同的有去哪儿，偏向于搜索；而悠哉、驴妈妈、途牛，偏向于做旅游休闲产品。

记者：未来他们对携程的冲击如何？

范敏：携程是真正意义上的一站式服务，商旅、休闲，线上线下全方位，这是与国内任何其他竞争对手都不一样的。

我认为，市场非常需要这种一站式服务的公司，这是携程的定位，也是壁垒，其他公司想要来竞争很难。巨无霸更容易受人攻击，因为与每一家都有竞争关系，携程不仅是一站式，而且未来将在每一小块都做得与这一小块的竞争对手相当甚至更出色。

记者：我用过去哪儿，这个产品与智能手机的结合是比较紧密的，客户体验很好，尤其在手机终端，携程为什么不去做？

范敏：为什么淘宝在 B2C（商对客）、C2C（客对客）市场一统天下？它非常重要的一个功能就是给众多的小商家提供了展示产品的场所，这些小商家不可能独立做网站，于是他们借助了淘宝。去哪儿也想走跟淘宝一样的路，想做旅游业的淘宝，但携程其实已经是了，去哪儿只好从搜索切入。

旅游业其实是中国最不规范的行业之一，携程为什么能够做起来？因为携程做得很规范，携程通过营销推广，通过 O2O 的资源整合，建立了一种规范。去哪儿的低价的确赢得了不少赞誉，但很多是虚假的，因为它只是一个平台，通过它被搜索到的卖家是不可控的。去哪儿虽然形成了一定的口碑，但它也想转型，只靠这点量是难以为继的。最后还是会转型到携程的模式上来，还得从头再来。

专注，坚持一条路走到亮

记者：很多互联网公司的人员增长超出我的想象。携程现在有多少人？

范敏：现有 1.5 万人。很多人说携程不是互联网公司，但携程 40% 的利润来自互联网。做旅游服务的，全中国有国中青、华侨城，这些都是国企，他们主要靠门店、实体，我们主要靠网站和服务联络中心。

腾讯在三四年前，才三四千人，现在过万了，属于爆炸性增长；新浪、阿里巴巴等也都过了万，成了万人大厂。我们起家时二三十人，上市时 3000 人左右。发展这么快，也说明了这个行业市场很庞大，投入产出比相对较高。

记者：发展快是个好事情，但对管理而言也带来了很大的挑战。呼叫中心有多少人？有外包吗？

范敏：8000 人，没有外包。因为相对于一般的产品，旅游的售后服务相对复杂。举例说，买了机票后，有可能退改签，后续服务占得比较大，如果外包，会对服务品质控制有影响，但等未来我们把服务做得更规范、对客户需求摸索得更清晰之后，还是有空间外包的。

记者：创办携程之前，你也在旅游公司做。十多年间，从创业者到管理者，这个过程中，你最大的变化是什么？一个称职的职业经理人，你认为最优秀的三个特质是什么？

范敏：在携程之前我也在做管理，这些年来，网络对世界、对管理者的影响是史无前例的，1999 年时候的网络和现在的网络完全不是一个概念，所以，如何在公司运营中科学地运用网络技术，这对管理者是个很大的挑战，我们这代人就是在探索这条路。

这十多年，技术管理和科学管理的含金量越来越高，企业掌握得如何，决定着企业能做到怎样的高度。能多大程度地把科技转变为生产力，这在今天显得尤为重要。从一个机动性的互联网创业者，逐步逐步地走到一位技术管理型加科学管理型的管理者，这就是我的变化。

三个特质的话，我觉得第一个是专注，要非常专注；第二个是敏锐，对市场敏感；第三个是用数据说话的能力、量化能力。

记者：公司现在的中高管里"80后"多吗？你说的这些特质在他们身上看得见吗？

范敏：高管基本是"70后"，中层"80后"较多。"80后"的优势在于很敏感，"60后"、"70后"的专注常使他们对市场不敏感，专注和敏感常常是件矛盾的事情。"80后"已经是全球化的、思维开放的一代，这是好事。他们比较弱的地方在于不够坚守，想得多、见得多、机会多，容易游离，破釜沉舟地坚守一件事情的能力差。但这个世界最终还是要交给这些年轻人的，我希望他们能坚守一些东西，专注是第一位的。

我们的公司，在革命形势好时没有花心，革命形势不好时，我们也不会太分心，我们还是坚持一条路走到亮。真正把中国的旅游服务业走出一条光明大道出来，而且是一条可持续发展的道路。这是我们的理想。

记者：管理中，除了自我管理，还要带人管人，你的经验是什么？

范敏：我的性格比较像老一辈人，会比员工早一点上班，晚一点下班，倒不是刻意这样做，而是习惯。我觉得时间不是最重要的，这些都是表面现象,重要的是能不能把团队凝聚力和战斗力锻炼好。

第一,把大家的心带齐,靠精神气,不单纯靠钱,要有点为企业、行业、国家做点什么的冲动,虽然有些理想主义色彩,但使命感还是必备的。

第二,对于管理者的挑战是,如何有效地授好权。做管理,最难的和最具艺术的就是这个。公司大了,每个部门就像一个小公司,授权要授得好,还要让每个被授权的人确实感受到被授了权。

管理是种拿捏,科学加艺术,往高层走,艺术的成分多,往底层走,科学的分量大,往高走是捏鸡蛋,往下走是抓石头。

记者:携程面临中高层换代的问题吗?还是已经完成了?

范敏:公司中高层在携程的工作年限绝大部分都在 10 年以上,我们的稳定性在互联网公司中还是不错的,当然也有流失,去年就有高级副总裁离开。我觉得一点都不流动、流动很大都是问题。在这个问题上,我们一靠机制,有效地授权;二靠"水泥掺沙子",既要有自己培养的,也需要外部招募的,这样才有鲶鱼效应。

C E O

附 录

范敏的职业成长秘诀

如同家长对孩子的紧张，不要输在起跑线上也是很多职场新人的焦虑点。当多数人会因为第一份工作过于基础而仓促离开，或者满足于相对稳定的职位而止步不前时，毕业于上海交通大学、第一份工作竟是到旅行社收发传真的范敏，却以自己的智慧，书写了另一种人生历练。

1. 把握好大方向，专注

第一份工作，是在旅行社做订单操作员，范敏一干就是一年，除了踏实的作风之外，范敏有一个清醒的认识：旅游业在中国会很有前途。

2. 善于从细节处学习，积小胜为大胜

范敏善于从周围的细节处学习。"如果能做好每一件事，你就不会永远只是一个文员。"范敏说。他也常这样鼓励自己的员工，尤其在服务业，如果你能在每一个不起眼的细节上让人感到你的用心，你就会与众不同，"积小胜为大胜"。在携程成立之后，"精益化"精神得以渗入，与范敏的"积小胜为大胜"思想不无关联。

3. 与时俱进

借助互联网开创行业新景象的携程团队，是伴着互联网成长最早的一代，也是探索的一代，从传统旅游到在线旅游，从传统服务业到现代服务业，范敏选择的这个行业始终处于变革的密集区，与时俱进，博采众长，才是保持领先的法宝。引入六西格玛管理、向日本制造业学习精益化、向世界顶级同业学习创新产品……范敏总是领导着携程走在同业前列。

4. 结交敢于提出"我觉得你什么地方需要改进"的朋友

在范敏看来，朋友最重要的标准是"肝胆相照"，大家是出于真诚，而不是出于功利的目的，真正的诤友，是能够说"我觉得你什么地方需要改进"的朋友。这样的朋友，也是人生路上的贵人。

港华燃气 CEO 黄维义
百年老店首重培养人才

　　港华燃气是香港中华煤气有限公司（以下简称中华煤气）在内地经营的燃气品牌，是内地规模最大的城市燃气供应商。中华煤气于 1994 年在内地投资设立燃气项目，2002 年，中华煤气在深圳成立港华投资有限公司（以下简称港华燃气），负责管理内地之投资项目。至今，集团已于南京、武汉、西安、济南、成都、长春及深圳等地发展逾 100 个城市燃气合资公司，业务遍布 19 个省、直辖市、自治区，用气量达 100 亿立方米之多，客户数超过 1200 万户。

　　黄维义：中华煤气执行董事暨公用业务营运总裁，港华燃气执行董事暨行政总裁。1997 年加入中华煤气，历任要职。他在财务、管理及国际工作方面拥有 35 年以上经验，于 2012 年 6 月获选为《福布斯》杂志中文版 "2012 年中国最佳 CEO" 之一。

150 年，对于历史来说很短，但对于一家现代工业企业来说却足够漫长。1862 年，中华煤气诞生，使得香港成为整个东亚地区第一个使用煤气照明的城市。

我们的采访在香港中华煤气总部 20 楼进行，电梯间墙壁上张贴着公司为 150 年庆典绘制的大幅海报，画面是温馨愉悦的日常生活景象，场面诙谐，颜色艳丽。黄维义开心地指着画面中的一个卡通小人说那个是他，这个是陈永坚（中华煤气行政总裁），这个是关育材（中华煤气营运总裁）……

这与内地燃气公司氛围沉闷、等级森严有着很大的不同。以至于到中华煤气参观，"看我们是怎么工作的"，成了其进入内地市场，让内地政府在多家资本雄厚的能源供应商中选择他们的关键。

"比如他们向用户推荐的灶具等商品，如果有厂商说自己产品上用的钢板可以耐折一万次以上，这地方的人就真会想办法用机器将钢板折上一万次，看看它到底会不会断开。他们确实发明了一种自动装置，可以将钢板反复折弯和拉直。"为中华煤气 150 年撰写历史的郑作时在《领先的背后》一书中举例，说明这家公司对"安全第一、以客为尊"理念的坚持。

自诞生那一刻起，中华煤气就是以一家公众公司的身份存在的。它经营公用事业，却没有政府的介入，第一笔投资也完全由资本市场募集形成。1960 年，作为香港第三只股票，中华煤气在港交所上市。本地资本的渗透加速了中华煤气的董事会从英方回归华人的进程。

对于任何一家企业，时间都是一个绝佳的检验。今天，中华煤气已经成长为亚洲一流的城市燃气供应商，并肩于日本东京瓦斯株式会社这样的大企业。相对于资本的积累，管理的精雕细琢是非时日打磨而不可累积的。然而，什么样的企业可以持续优秀？一家公司何以走过百年的历史而仍如往昔般进取？我们需要作出这样的追问。

随着香港的回归，中华煤气加速了在内地市场的扩张，十几年间，以

"港华燃气"为新品牌的子公司在内地达到了125家。黄维义于十几年前被派到港华燃气主管内地业务,2012年,他凭借优秀的业绩表现入选《福布斯》中文版评选的最佳CEO之列。透过黄维义,我们希望发现这家公司以及其几经更替的管理团队得以持续优秀的原因。

做到百年企业的关键

记者：加入中华煤气前，你在国泰航空工作，从航空业到能源事业，跨度很大，您怎么看这样的职场生涯转变？

黄维义：以前在国泰航空工作，全球飞来飞去蛮好玩，国泰航空的航班那时候没有飞内地的，像是命运的安排。1996 年，公司把我调回香港，后来经过猎头来到中华煤气，补上了内地这一课。

记者：两家公司文化差异大吗？

黄维义：差异很大，国泰航空的经理层都是老外，什么国籍的人都有；1997 年我来到中华煤气的时候，一把手还是英国人，但是香港回归之后，他就退休离开了，陈永坚总裁上任后，就都是国人在主管公司。

记者：内地的市场化发展到现在才 30 多年，有很多公司做得很大，

进入全球 500 强，但历史都很短。我们看到香港不少公司都有百年以上的历史，像中华煤气和汇丰银行，从您的经验来看，把公司做到百年企业的关键是什么？

黄维义：香港中华煤气 150 年了，这是源于政府创造了完全自由竞争的市场，谁都可以来经营城市燃气、电力，政府从头开始没有参与过这项事业，1862 年中华煤气成立的时候就没有政府参与。香港没有物价局，价格完全由企业自己定。把定价权交给企业，企业也不会定得太离谱，否则你想要暴利，市民肯定不买账，会向政府投诉。或者你服务不到位，经常有事故出现，也会影响企业给政府的印象。

无论是中华煤气，还是汇丰银行、渣打银行，这些都是百年企业，背后的根本推动力就在于自由竞争。政府不干预企业运作，企业的压力反而更大，企业会更努力去想，怎样更好地获得客户的信赖，怎样提供优质的服务给客户。只要客户不向政府投诉，政府为何要干预你的工作？

在内地市场，为什么我们可以在十多年时间里，从广东的番禺和中山起步，发展到现在的 120 家公司，分布在 19 个省 90 个城市？我自己总结几个方面的原因：第一是机遇，中央政府刚好大力推动天然气发展，要推天然气就要改革各地的燃气经营模式。第二是香港中华煤气的品牌效应，对内地同行来说，他们以前就经常到香港中华煤气来考察，我们怎么做事，怎么管理一个企业，特别是对"以客为尊，安全第一"这个理念的坚持，对他们影响很大。内地的同行，他们很有钱，即使气价倒挂，也可以有政府补贴，但他们习惯于计划经济，生产多少卖多少，很少考虑市场怎么拓展，怎么把企业做得更好。他们主要提供燃气给民间用户，没有动力去拓展市场。

这些年来，内地的政府开始认识到，即使是公共行业，也应该改变，不可能永远通过补贴维持经营。当地的企业很欢迎香港中华煤气跟他们合作，看重我们的管理。他们自创立以来都是政府指导，合资之后，他们的话语权也大了一些。他们可以根据企业本身的发展，决定铺设怎样的管网，提供什么样的服务给客户，而且现在居民的要求也越来越高，很多人有机会到香港、国外去玩，见识过好的公共服务，回来也会对当地企业提出要求。

记者：内地政府管得较多，加上各地的地方保护主义，上海的公司跟旧金山的公司做生意，都比跟重庆的公司做生意容易，反之亦然。在这个过程里，你们怎么跟内地市场沟通？

黄维义：第一，内地的地方政府看好我们的管理水平，认为达到了国际水平，这让他们有信心。第二，天然气是公用事业，内地和香港双方股东都想把这件事搞好，我们有共同目标。第三，我们进入各个地方市场，与当地国有煤气公司合作，从不把利润放在首位。

内地的城市燃气管理水平很低，尤其在安全方面，走到厨房里面，你可以看到很多私拉乱接现象，也从来没有人告诉他们这是不对的。国有煤气公司的惯常做法是，供气给你就行了，至于其他的，你不要要求那么多。跟他们合资后，我们把安全供气放在首位。我们会安排员工定期安全检查，这项工作在香港从1994年就开始进行了。我们安排前线的技术员工，到每家每户进行安全检查，看灶具、热水器是否安全。在内地，我们发现，很多人家里通往外面的烟道都是假的，根本排不出气，这是很危险的。这种情况很普遍，我们花了近18个月时间挨家挨户上门检查，排除这些安全隐患。

让群众知道如何安全用气，也有助于企业本身。当地政府欢迎我们进入合作，很大部分出于这个原因，维护安全也是政府的重要任务。据统计，煤气安全事故，以前每年有三五十宗，现在每年只有几起，而且都是由于使用不当引起的，这让我们感到自豪。

管理输出，先培养接班人

记者：中华煤气进入内地，成立港华燃气，我好奇的是，你们要进入某个城市，不进入某个城市，选择的标准是什么？

黄维义：我们进入哪个省、城市，首先看的是它有没有管道天然气，如果没有，但他们有计划三年内铺设管道天然气，这样的市场便是我们的首选。然后要看这个省、市未来发展的前景，每个地区都有自己的五年规划，我们会分析他们的工业以什么为主，对燃气需求大的，我们兴趣会更大。

举例说，我们最近在大力发展江西市场，这个省在五年前管道天然气市场还是空白的，它在地理上处于广东和安徽之间，而且是中石油和中石化供气的交叉地带，未来的气源很充足，政府还给我们在一定区域内的独家经营权。我们首先看中工商用气，用气量大，单位成本较低，投入产出比大，如果当地是空白市场的话更好，一切从头开始铺设管道，从零管理经营，我们更喜欢这样的市场。虽然刚开始没有利润，但特殊经营权一般会有30年或50年，从长期投资来看，是值得的。

与内地企业合资，我们希望成为控股方。内地看重的是我们的管理和安全，如果不控股，我们很难把我们这一套管理和制度引进当地合资企业，所以我们争取股比达到51%，我们派出总经理、财务总监、工程师，总经理可以把制度引进企业，工程这块我看得很重，很多贪污、小金库都跟工程有关，控制好了工程，才能控制好质量。质量不好，后面要付出的代价很大。这样才能最大程度地把香港中华煤气的管理带到内地公司。

当然也不是说永远都要外派，你不可能过了50年还是要派代表，这就说明你的管理有问题，表明你永远都不相信这家企业，没有本地化。所以，用六年时间，我们训练和培训当地的工程师，慢慢地把财务和总经理都实现当地化。

现在我们在内地有120多家企业，我们的人才库很庞大，常常有人会离开家乡，跑到别的地方去工作，但因为我们的分公司在很多地区都有，所以如果优秀的员工希望回家工作，我们就会安排，这也让他们感觉到公司的人性化，对公司更有信心。

记者：这就很像酒店到不同的地方开业，会做管理输出的工作，那你们挑选代表的标准是什么？你有没有刻意栽培一些人，对他们的规划就是未来要送到内地去？

黄维义：现在我能坐在这里很平静地聊天，10年前我可完全不是这样。我是2002年被公司派来负责内地市场的，当时公司在内地有10家分公司，经过10年，现在已经有120多家了，你可以想象，必须要有一个庞大的人才库，才能支撑这样的发展速度。

我那时刚开始学普通话，年纪已经很大了，还要学另一种语言，很痛苦。有一次我到山东跟一个当地领导谈事情，头两分钟完全听不懂对方在说什么，我就怀疑是不是自己学的不是普通话，很受挫。作为一把手，如果对方在讲什么你完全听不懂，这是很掉链子的事。后来我问一起去的北京同事，他们告诉我对方讲的不是普通话，是山东话，他们也没全听懂，我心情才好一点。

一个是语言，还有就是你说的人才，让我很苦恼。相对于公司的发展速度，我手里可以用的人很少，从香港派到内地的员工也不多。能派过来的人首先他们在香港的公司里有足够经历，要40岁以上，太年轻的管不了一家新企业。在合资公司里，下面的员工都用眼睛盯着你，看你能做得出什么成绩来。外派的员工其实很辛苦，压力也很大。我们派到各分公司的一般是三个代表，有些只派一个总经理，他们要从头开始与团队相处，这是很辛苦的过程。现在我们有两万多员工，我们开始中层里培养。他们愿意投入港华燃气工作，对他们来说也是一种历练，这样也就减轻了我的人才配置问题。公司每年十多个项目上马，问题不大，我们已建立了庞大的人才库。

记者：相当于一年有三五十个总经理、财务和工程师要被选拔出来。他们被选拔的条件是什么？

黄维义：我们从 10 年前开始每年与大学合作开展高级经理培训班，跟香港中文大学、清华大学及各区域的名校合作，每年安排 30 位中层以上管理人员进行学习。我们有一个 KMF（Key Management Focus，关键管理项目），就设在深圳本部，每年我们会出 10 个题目，内容与城市燃气管理有关，一个课题交给 10 位总经理，他们来自 10 个分公司，要他们把课题拿回去，让公司员工对拿到手的课题作出调研，然后给出建议，经过这样的交流，我们也可以从中选拔出一些人才。

记者：这是你在管理中非常重要的工作，必须不断地找下一个、再下一个经理人……

黄维义：必须要有接班人。城市燃气行业不像投资银行业，那些行业的人才比较多，工资、奖金也比较厉害。燃气行业比较专营，不是所有学校都有这个专业，人才比较短缺。我们只有通过这样培训的方法，把现有两万多员工，他们的潜力挖掘出来。

管理分公司，先聚焦管理层

记者：在香港，一个中华煤气的员工可以负责 1000 户，但是在内地只能负责 400~500 户，这个差距从何而来？

黄维义：香港有 175 万户，我们的员工 2000 人，平均一个人负责 1000 多户；内地有 1350 万户，员工 2.7 万人，平均每人负责 400 多户。我说过，在我有生之年，可能看不到这两个数据变得一致。香港本身比较密集，以民用客户为主，员工走一栋楼就能有几百户，而内地用户比较分散，而且以工业客户为主。地理环境和经营环境都不一样，这是造成差距的一个重要原因。

记者：除了业态的因素，是否有生产力和组织管理效率的差别？

黄维义：刚开始与国有企业合作时，他们有富余员工，因为合资之前，政府每年会安排 10~20 位员工到国企就业；合资之后，走过 10 年，富余员工基本不存在了。我们用了两个方法：第一，我们提出现在我们是合资公司，不是国有企业，政府不能再安排员工；第二，随着公司业务的发展，市场翻了一番或两番，原先富余的员工就可以去支持企业的发展。另外我们也开拓了其他业务，比如汽车加气站，可以把富余的员工分流到新业务中去。

记者：港华燃气在内地有125家企业，来自不同的背景，原先又有着不同的管理理念，你是怎么统一，让他们有共同语言的？

黄维义：我把企业管理分四块：财务、市场、工作流程、员工的培训与成长，加起来制定了16个KPI，主要是为了让所有分公司，特别是管理层聚焦。比如三年内100%进户安全检查，就是流程里的一个KPI。分公司的三个代表是我们派的，但是三个代表之外的员工，他们需要被告知，企业朝着什么样的方向、用什么样的方法走，我们要一致。2007年我们开始推广这种KPI管理。

再比如我们2012年会推行一个"供销差"的KPI。这个概念是指，我们从中石油买100万方气过来，按道理，买100万方，卖100万方，但很多时候都不是这样，买100万方，最后卖出去的可能只有80万方，相差的百分比就是供销差。百分比越高，表明管理越差。有可能是漏气、偷气的问题，也可能是计量的表有问题，或者跟中石油购买时就有计量问题。这些都是企业精细化管理中的问题。如何降低供销差，如何让所有员工都建立起这个意识，这是需要不断细化的工作。我们在香港的供销差是3‰，内地一般6%~7%，有的高达15%，现在我们已经把平均数据下降到

4%左右，但跟香港比还是有不小的差距。

记者：港华燃气非常看重安全，会不会担心因此带来的隐藏成本？

黄维义：安全是所有企业都应该关注的，不管你在哪个行业。百年老店，一个小小的事故就会把它弄倒下，在安全方面，需要投入的我们毫不犹豫。

现在内地做得比较差的是服务。在我的立场来看这是好事，因为当水平很低时，我们做一点点工作就可以让整个局面看起来截然不同。

记者：中华煤气走过150年，其实并不是一直单纯地经营煤气，也在做很多的创新和改变，包括相关的产品、服务和业务。灶具也好，水务也好，这些点点滴滴的创新、好的想法是怎样提出来，经过什么样的机制被保障和落实的？

黄维义：水火不相容，但我们还是进入了水务。一次与陈永坚聊天，我们就在想，还有什么业务跟这个行业相关，然后就想到了水务。用水的客户不一定用气，但用气的一定会用水，两者的客户群是一样的；政府管埋的部门也是一样的；而且两者的工作流程也差不多，供气、供水经过管网，抄表、收费等很多流程、工艺也一致，两者可以产生协同效应。受到启发，我们开始涉足水务。在苏州工业园和吴江，我们已经开始同时经营气和水。

对于政府来说，水和气很重要，关系到千家万户的民生，政府不会轻易放手，但质量和安全就是我们的优势。

另外还可以把管道天然气抽出来加压供给城市出租车，富余员工也可以分流到新的业务，我们不主张裁员。

博弈：职业经理人必备的素质

记者：港华燃气在过去这十年成长很快，碰到普遍性的问题和困难是什么？

黄维义：成长的过程中，挑战和泪都有。2002 年前后，城市燃气业的竞争还很少，只有两三家跟我们竞争，但最近几年竞争对手越来越多。这对我们开拓市场产生了阻力，特别是一些央企，他们有资本，可以搞房地产、搞水泥、再搞天然气。地方政府看到他们有那么多产业和投资，就会想把城市燃气也交给他们。

另外就是政府换届，每三年就换一次，新的领导有新的班子、自己的考虑，注意到城市燃气事业的时候看到中华煤气，可能会问：为什么要跟香港的企业合作？为什么不跟 A、B、C 合作？甚至当你的企业效益出来之后，还有领导会问为什么我们不自己做？完全没考虑到在他们最痛苦的时候，气价是倒挂的，燃气公司每年亏损，政府每年补贴，经过几年的合作，我们才搞好。

　　记者：当年新加坡政府跟苏州政府合作，建立了苏州工业园区，几年之后，当地政府觉得学会了，自己做了新区。你会不会有类似的担心？

　　黄维义：这样的情况很现实。我倒不担心，因为城市燃气跟工业园不一样，工业园你建了一个还可以再建一个，对他们来说，重要的是有没有客户落户。但对我们这个行业来说，我们有一个30~50年的特许经营权，在这段时间里你可以独家经营。30年后，可以再谈，再延期。除非干得很不好，造成了很多事故，政府必须把你赶走，否则政府即使有别的关系，也不愿意再找另一家公司进来，因为这是很复杂的事。而且缺乏诚信、不遵守法律法规的话，这对政府未来的招商引资也会有影响。

　　记者：这也是一种博弈。

　　黄维义：对，是博弈。政府虽然比较有优势，但过去10年，我只听说有一两个地方政府想引进新的公司进来，但最终都没有实施。对我们来说，把自己的工作做好是首要，如果你经常有事故，经常有市民投诉，政府肯定会对你有看法。

　　记者：这些年内地经常谈起职业经理人，但对于它的概念还比较模糊，认为其是具有某一项专业能力的人，比如这个人是做财务的，那个人是做营销的。但在香港，这个概念的存在时间已经很长了。您就是一个典型例子，不论在国泰航空，还是港华燃气，职业经理人更强调的是管理和

达成任务的能力，而不是只懂航空，或者只懂燃气的专业型人才。可否分享经验来解释对职业经理人的定义？

黄维义：我之前在国泰航空做财务总监，那时的概念是，你的专业是什么，就做什么。所以我做财务总监，80%的时间和精力是放在专业上，其余20%放在管理以及与其他部门、银行、律师事务所等沟通上。对于工程师也是一样的，你作为一个工程师，那就要把80%的时间精力放在工程研究上。

但CEO不同，它更像一个倒转的三角形，三角形的概念是，上面是你的专业，很少与客户、银行、律师打交道；反过来作为CEO，你很少再做专业的事情，每天要做的事是处理问题、带队。CEO不是一个老板（boss），而是一个领导（leader），这是两个概念，老板的角色是，我发信号令给你，你照着去做。领导是不发信号令的，而是与你一起研究策略，然后带领你去走。领导必须有带队的能力。作为CEO，在日常工作中用到我的专业的东西其实很少，反过来是政商手腕一定要强，人与人的沟通能力要强，对事情的敏感度要高，要懂得利用新闻报道改善企业，这是作为CEO应有的雷达。

我以前在国泰航空做财务总监，只要把财务报告做得好看点，能够节省成本就行了。做CEO后，财务只占一小块，要对整个企业都有所了解，而且某个部门现在在做什么，未来需要做什么，起码要有一个五年的计划。

作为一个CEO，中华煤气在内地的公共事业由我来管，我不仅有125家公司要管，还要处理好与企业的内地代表、政府、上游三家大的石油气公司的关系。另外，中华煤气有三大板块，因此我还要跟其他两个板块的同事处理好关系，一旦我在某地遇到什么问题，还可以飞回香港等地寻求帮助。

我印象很深的一次是在徐州，当时我们供煤气，由某家工厂把气卖给我们，我们再用管道供到用户。大约七八年前，供气给我们的那家工厂员工罢工，我们没有气供用户，当时有16万户需要用气。城市燃气风险最大的还不是停气，而是复气，因为你不知道哪家没关灶具，复气后气体溢出到密闭空间里，不仅有毒，而且会爆炸。后来当地政府跟供气商谈判好后，要求我们两天内必须复气。16万户，我们当地公司的人手根本不够用，只好从其他地区调员工过来，他们有从周边过来的，还有从吉林、香港过来的，最后我们真的做到在两天内安全复气了。

记者：怎么做到的？

黄维义：我们先通知周边的港华燃气的合资子公司，说需要你们的员工来帮忙，他们就开始组织，开车的开车，坐飞机的坐飞机，最后共聚集了两百位各地员工，还各自带设备来，然后由徐州的员工来统筹，每家每户敲门，确保屋里有人，而且灶具关上。当时的情形就是在徐州的街上，到处是港华燃气的车跑来跑去。我不希望这个情况再出现，但是七八年前我们已经证明我们能做到很快组织起来应对这种情况。

后来有不同公司都在效仿中华煤气的标准和流程。包括作业流程，怎么敲门，怎么跟客户沟通，进屋检查什么，我们都有统一的标准。另外我们有 DM11（地下管）、DM12（地上管）铺设技术和标准，这个我们已经跟同行共享了，比如说中石油昆仑燃气有限公司。2000 年，他们到深圳港华燃气交流，他们说一直在找一些指引，怎么铺设管道、用什么材料、遇到停气应该启用什么样的程序、遇到恶劣天气怎么办……我们就讲，这些我们都有，无偿共享给你。我们希望这些能成为对内地城市燃气供应标准的指引。

CEO

附 录

黄维义谈安全管理

SQS（Superior Quality Service，优质服务计划），这个计划在香港已经进行了 20 年，10 年前我们把它带进内地。

安全是要总裁亲自抓的，在香港是陈永坚总裁，在内地是我，这在别的公司都没有。我们每年都会定下 10 个指标，每个月会对不同的指标进行检查，比如我们会要求总经理这个月去检查工地管网，那他就必须亲自到工地去，第二个月我们可能检查户内管，总经理必须跑到某个家庭亲自去检查……而且我们总部的高管还会不定期地突击检查某些项目。为什么这样做？因为从下到上的工作很难做，除非下面的员工看到总经理常常亲自下来抓安全，而不是坐在办公室里，这样员工才会认同安全是重要的。

安全很重要，刚开始的时候有 20%~30% 的用户家里进不去，我就定了指标，三年内必须 100% 进户。因为我担心，如果某个家庭我们没有进去，结果它存在隐患，那就会是个炸弹，我们不希望这样的事情发生。在香港我们没有这个要求，因为香港居民的安全用气意识、行为已经培养出来了。

很多消费者家里可能由于各种情况没有人，有些人则不让我们进，这样我们就更要进，偷气更危险，这不是钱的问题。一次我去四川出差，看到有一家人把煤气扯给楼下的儿子用，这种情况在内地很多落后的地方都有，甚至有时候还会看到有人用三轮车驮着一个很大的塑料袋，里面是偷来的气，那就是一个炸弹。

如家 CEO 孙坚
经济连锁业态管理养鱼先养水

如家酒店集团（以下简称如家）创立于 2002 年，2006 年 10 月在美国纳斯达克上市。旗下拥有如家快捷酒店、和颐酒店、莫泰酒店三大品牌，截至 2011 年年底，已在全国 250 多座城市拥有连锁酒店 1600 多家，形成了遥遥领先业内的国内最大的连锁酒店网络体系。在最新的《财富》杂志评选出的全球最具成长性公司 100 强榜单中，如家凭借良好的业绩进入十强，名列第九。

孙坚：1987 年毕业于上海医科大学。1989 年赴澳学习市场营销课程并一直从事零售商业工作。1997 年回国后加入泰国正大集团旗下易初莲花超市有限公司任市场部总经理。2000 年加盟英国翠丰集团下属 B&Q 百安居（中国）连锁超市管理系统有限公司任市场副总裁，2004 年升任营运副总裁兼华东地区总裁。2005 年 1 月起加入如家任 CEO。2006 年 10 月，孙坚带领如家在美国纳斯达克成功上市，如家因此成为中国酒店服务行业海外上市的"第一股"。

在 21 世纪到来之前的中国，好的服务还仅仅针对有钱的消费者。直到精明的商家发现，因应经济的发展，中国正悄然崛起一批不那么有钱、但有着足够大规模的中产人群。沈南鹏、季琦和梁建章就是其中的三位。

2001 年，酒店行业不景气，年平均出租率只有约 50%，在携程网上做酒店销售数据分析的沈南鹏、季琦和梁建章发现，有一类酒店供不应求，就是像锦江之星、新亚之星这样的经济型酒店：没有星级酒店的豪华设施、豪华大堂、餐饮服务，仅保留住宿这一核心功能，价格每晚 200 元左右。这样的经济型酒店竟然在整个行业都不景气的时候出租率高达 90%。

无疑，这是一个亟待满足的巨大市场。

同时，商家也将发现，他们需要服务的是一批永远追求更高性价比的挑剔人群，而一拥而上的同行正随时准备着提供更高性价比的可替代产品。不仅如此，连锁业固有的难题——多店异地经营，也给沈南鹏们带来挑战：如何在产品质量不输于竞争对手的同时，花费尽可能低的成本？如何找到最佳扩张速度，不至于太慢了被竞争对手抢占市场，也不至于太快了因管理失序而自绝于己？如何在快速扩张中填补人才缺口？如何做到让消费者在同一品牌的不同店面获得一致感受？

2005 年，沈南鹏们为三年前创立的如家找来了新任 CEO——孙坚，一位有着多年零售业从业经验的职业经理人，一并抛给他的是上面的一连串难题。如今，这位空降兵不仅在如家站住了脚，而且交出了一份令投资者和董事会都还算满意的答卷。到今天，它依旧是国内最大的经济型连锁酒店品牌，规模和赢利能力都远超早成立于它的锦江之星，以及后来者 7 天、汉庭等同行。

奉行"思行合一"的孙坚，在他总共只有四层楼高的集团办公室接受了采访，分享他的经商理念、做事逻辑和商业理想，以他的从业经验解读经济型连锁业的经营之道。

没有享受过公司服务的员工，做不好服务

记者：你们的办公环境非常简单。

孙坚：我们还处于创业期，而且我们是做经济酒店的，所以时刻有成本的考量。我们的办公室都不大，你可以看到很少有独立的办公空间，基本都是开放的，因为连锁业是一个开放的文化，大家相互之间需要沟通，需要协作。

记者：投资者知道你们没有把他们的钱拿来开玩笑。

孙坚：对。中国很多投资者到民营上市企业去，看到他们的规模好大，排场很壮观，就很有信心投资，但是外国的投资者看到这些反而不敢投。公司昨天还是你自己的，上了市成了公众的公司，有了投资者之后，公司就不是你个人的了，你只是这个公司的管理者。

记者：您的这些新理念，如何让如家的员工和同事也认同？

孙坚：让人相信就是不断说教的过程，前提是自己的逻辑说得通。我们今天的社会麻烦就麻烦在没人有耐心，几乎没有人去储存能让自己在未来走得更好的基础性的东西。

我们倡导"家"文化，这里面有两层概念，一个是对顾客，另外一个是对员工。我们习惯了说"顾客是上帝"，但实际上你是通过员工向顾客传递产品的，特别是在服务业。所以对于员工，我们强调尊重，首先是给他受尊重的生存环境，比如说吃和住，住的地方不能豪华，我们也做不到豪华，但一定是干干净净的。吃的方面，我们每周的菜单都是公示的，你不可以苛刻员工，必须要让他们有基本的生活保障。

我跟员工说，你们的工资都是靠自己的双手赚到的，你们也不要期望公司能给你更多的钱，没有公司可以给你更多（加重语气）的钱，但我能给你更多的机会。公司在发展，每个人都有机会去成长，在成长过程中公司会给员工"养料"。所以即使是最基层的员工，公司也会不断去培训，如果他是一个认真和有意愿学习的人，他可以凭自己的努力挣得比今天更高的工资。当他看到身边的同事三年以后变成了中层干部，比如一位切菜的工人变成总经理，一个维修工今天已经管两家酒店了……这些例子就在他身边，他们就会认识到公司所说的是真的。

做企业不需要太多的承诺，但承诺了就一定要做到。对企业来说，营造公平的环境、给人机会、说到做到，企业就会变成一个良性的组织。

记者：现在有多少员工？

孙坚：7万，1700家店，250个城市。

记者：这么多店，其实对您而言是很大的挑战，跨度很大，点很多，而且每个点都很小。这时候如何让顾客能在不同地方的不同酒店里有相同的感觉？

孙坚：最终还是文化的倡导。制度、标准、政策，可能都是对的，但这些都是滞后的，当你发现问题的时候肯定是事情已经发生了。所以能够稍微预防一点的，就只有文化。要给员工营造归属感，当他有了归属感之后，他就会把公司的事情看成自己的事情。在遇到与制度、标准、政策有冲突的事情的时候，他们就会产生辨别意识，这样的事做还是不做，他们就会有判断。

对我们来说，空谈服务没用，不如自己亲身去示范。总经理一再跟员工讲"我们是服务行业，服务是我们的宗旨"之类的，但讲完之后，一散会，员工就在酒店大堂里看到他板着脸呼来喝去"你怎么弄的"，这是永远做不好服务的。因为员工心里会想：这服务到底有什么意思呢？就是被骂吗？

只有当员工有了被公司服务的体验，他才知道原来服务是能够让人快乐的，享受到被服务的好处，他才会知道服务产生的价值是什么，不然服务对他就只是一个干巴巴的工作，是空的。

记者：您会从最源头招人的时候就设定一些标准，让他们在被选进来的时候就是您满意的吗？

孙坚：从基层员工来说，是很难的，他就只是一个劳务工作者，而且中国现在劳动力这么短缺。所以，我没办法知道来这里的人是什么样的，只好去造一个好的游泳池，经常给它消消毒，让水是干净的，而且水最好是活的。让来到这里的人在这个水池里游的时候，受到我们营造的环境的影响、约束。很难说你招人进来的时候，他就是合你的标准的，很难从源头上去控制，只能在环境、制度，包括未来的成长机制、人才的可持续发展和奖惩机制上，想些办法。

成本管控，不断做产品再定义

记者：经济型酒店这个业态大约是 2002 年、2003 年才真正在我国诞生，对于新的业态您是如何找到经营方向的？

孙坚：其实锦江之星在 1997 年就开了第一家，但是直到 2002 年、2003 年国内才开始真正有经济型酒店的概念。

企业的成功，我觉得要看天时地利人和。我们在做的这些基础的东西，真正的效用和竞争力还没有完全发挥。

记者：大概要到怎样的阶段，或者发展到多少家加盟店之后才会出现？

孙坚：不是用多少来衡定，因为文化的建立、价值的建立，需要一代人的努力。今天在这个组织当中，能达到理想值的 30%~40% 我就已经很满意了。在未来的每一天、每一年当中，这种基础会散发出越来越多的厚实的东西。

我常开玩笑说，人如果在这个世界上不快乐，他的一生枉为。虽然快乐和效率是矛盾的，和管理也是矛盾的，但只有把最矛盾的东西平衡到一个相对合理的地方，才会成就卓越的企业。

企业的成功，要天时地利人和。"天、地"就是中国经济的发展，中国经济的发展带来经济活动的增加、老百姓生活的改善，然后人的生活方式发生改变，休闲旅游越来越多，而生活方式的改变是不可逆的。这是我们行业的未来所在。

"人和"，就是一群有想法、想做事，而且认真做事的人在一起持续地做事。时势造英雄，然后英雄有机会再去慢慢改变世界，就是这个逻辑。

记者：如家在一开始发展的时候，有没有参考一些公司，比如美国的万怡酒店（courtyard）？

孙坚：这个企业创立的时候我还没来，我是企业创立两年后才进来的。那时候的创业团队最早是受了《雅高——一个银河系的诞生》这本书的启发，讲到法国雅高集团的宜必思，这个让他们看到一种新型的商业，像是发现了一片星空。然后他们就开始有个梦想，想做这样一件事情。

后来我们又看到万豪的一本书，叫《服务精神》，这本书开始更多地涉及这个行业的本质，让我们知道要做的是一个以帮助人、关爱人为前提的行业。

第三个对我们有影响的是假日酒店（Holiday Inn，洲际酒店集团旗下品牌），它曾经创造了一个奇迹，在10年内开出了1000家酒店，也正是这个奇迹激励了我们要成为一个不仅仅站在中国本土，还要在世界同行中也能发挥光热的企业。

三个标杆，一个给了我们商业的梦想，一个让我们认识了行业的本质，一个告诉了我们要做到怎样的位置。

记者：经济发展是一个很好的天时地利，但同时整个房地产行业也跟着经济迅速成长，房间取得成本在上升，这是不是也是一个很大的挑战？你的整个价格架构、成本管控是怎么做的？

孙坚：这个就是技术问题了。技术问题第一项是战略，今天来看，我进来之后做得还是比较成功的，我们搭建了中央平台，形成了这样一个品牌。从拓展的布局上我们走了几步，也算是成功的。第一就是定位自己是一家全国性公司，因为连锁的发展最终是需要规模，然后向下渗透。

房地产成本在上升，一线城市的物业越来越少，我们就到二三线城市去。现在我们的1700家酒店中，80%多在二三四线城市，其中35%在三线城市。2008年之后，我们开始做加盟经营模式，因为希望发展速度更快，同时公司的成本会逐渐减少。

成本是一个现实问题，而且是一个社会问题、系统问题，不是我们一家的问题，所以我不是太担心，我担心的问题是只有我一家有，而不是系统的问题，但不担心不等于我不去管。首先在成本还可以支撑的范围内，我尽可能把服务做到最好。另外，我知道，最后中国的服务业一定会像欧美国家一样，将来经济型的服务都是自我服务，这是趋势，两百块是全自助的服务，三百块则是另一种服务，可以有人帮你做事。消费者也会接受的。

记者：类似银行引入 ATM 机？

孙坚：差不多。管理效率提高可以通过技术手段实现，还可以通过管理手段，回归到基本的服务面上谈，从全球来看，中国经济服务业做得最好，因为人工便宜，美国哪有服务啊，一个店就四个人，人工用不起。所以我们也不用担心，将来即使人工费用提高，我们也可以逐渐地减少服务。其实很多国家都是这么走过来的，从很多服务到很少服务再到没有服务。唯一比较尴尬的是，中国人刚开始享受到服务，好日子还没过多久，一下子就要过渡到自助了。

怎么做成本控制？效率上提高，管理上提高，然后就是做平衡，思考"我能提供什么"，也就是产品重新定位的问题。

记者：加盟是节约成本的一种方式，人力成本的精简也是，包括你可以培训一个人让他做更多的事情。

孙坚：中国的劳动合同法让公司不能随便裁员，这我们没办法，但将来可以在用工制度上寻找改变，应用灵活的用工制度。随着企业自动化的提高，一定是可以实行时点的用工制度，兼职、即时各种都有，尤其像我们这种有淡旺季的。

我有一种设想，做一个社会化的用工软件系统。首先，工种要足够简单，不要太专业，比如来一个人，培训两个小时他就能上岗。现在企业都把自己的壁垒建得很高，弄出一堆东西别人都看不懂，将来一定不能这样，会没出路的。一定要弄出来的东西大家都懂，然后你招呼来一批乐意做兼职的人，培训，然后发给证件和号码，当这个人打电话进来说："我现在在某个地方，有三个小时的时间，你有没有工作给我做？"然后我们平台上的人马上做匹配，哪家酒店正好需要一个人，就可以马上让他去做。更简单一点，每个人都有手机，有工作需求时他可以给自己标签"我想工作"，然后平台用 GPS 定位他在哪里，再看他附近哪家酒店有岗位，几点到几点有空，然后信息匹配过去，他就可以上岗，刷卡，最后工资打到他卡上。

记者：这是理想状态，怎么匹配社会的资源和企业的需要，解决了这个问题。现在美国推出了新的货币宽松政策，国内房地产也在起来，这个对你们有没有影响？

孙坚：这个对我们还好，因为我们基本不拿新的物业，都是对老的物业做改造。很多地方的特别是二三线城市有三五千平方米的老物业，他们不知道怎么利用。而我们这种长期的租赁，对他们来说还是一种比较安心的方式。

以我们10年的运营经验来说，只有当我们自身行业当中出现问题时，才是问题。在发展初期，有些人很乱，有些人规范，规范的人就会吃亏。但现在都规范了，因为都是上市公司。

记者：这么来看，北京、上海的店更多是品牌效应，二三线城市的市场才是获利来源？

孙坚：应该说获利来源是前期的那批物业，那时候每天每平方米才一块多，现在都三块多了。第二个方面就是管理上的深挖，如果没有经营能力，每开一家就会都是亏本的。

把人才培养纳入店长的 KPI

记者：你们一个基层店长的 KPI 有多少项？

孙坚：营收、利润两个。利润再分细一点，分为利润值和利润率。原来只讲利润率，后来还讲"质"的贡献，比如你贡献了100万利润，如果你成本控制得好的话，可能可以贡献 120 万。利润率也要控制，比如你可能营收超额完成了之后，大手大脚，多用掉很多钱，所以还要讲利润率。营收和利润两项考核占 40%，其余的 60% 中，一是宾客满意度，另一个是基础管理。

企业还很小的时候，常做的事就是忘本求远，不讲过程，只求结果，对区域的要求是"你交给我 100 万就可以了"，但公司到了一定规模后，我们还要求你告诉我"这 100 万是怎么赚来的"，是什么才能保证这 100 万赚得到。

而且企业扩大以后，员工的平均水平是在降低的。所以为什么要标准化？目的就是，不管谁来做，照我这个标准，至少能达到 80%，基本水平不会低，其他的就看是不是有福分遇到有潜力的人才了。

记者：60% 的考核中除了宾客满意度、基础管理，还有什么？

孙坚：还有 10% 考核的是人才培养，这里面就强调你一年要输出多少干部。店长升职也跟这个挂钩，你要是都没培养人，你怎么升？你自己职业生涯的发展，是靠不断培养人把你抬高的。传统的认识里，培养人的结果可能是自己被顶掉，但我们应该鼓励"你是坐在人家身上上去的"，因此你要不断地培养人，这样整体水平才会上去。

记者：这正是我们想请教的，管理学上，大家都怕找比自己厉害的

人，怕他以后骑到自己头上，你的做法是让人才培养变成被考核的指标，这样就不会再出现前面的状况了吗？

孙坚：这样的状况肯定还会有，但控制得好就会变成小概率事件，除非你培养出来的人特别优秀，那是奇才，这样的事就叫小概率事件，其他的基本都还是一个梯队一个梯队地在上升。我觉得我们不应该为小概率事件纠结，若是因为小概率事件就不去做这件事情，就更不值。我们需要关注的是大概率事件，企业培养人，整体素质提高，这是大概率事件。不要因为小部分的扭曲去怀疑未来，那样你会失去很多机会。

记者：我们再提一个小概率事件，很多企业对培训也都很重视，但也都担心我今天花钱做培训，说不定明天就被竞争对手挖角。这个您怎么看？

孙坚：其实还是一样。你要先自问是不是用心去待人了，如果你觉得我花了那么多钱培养他们，所以我要控制住他们，你天天纠结这个问题，反而会适得其反。

我相信人都是善良的，因为如果在我眼里人都是恶的，那我会很痛苦，会很不开心。所以在我的人生观里，哪怕是被骗，也要开开心心。我可能有点傻，但人生就是这样，你搞得很明白，但是不快乐，那人生又有什么意义？你又改变不了世界。

再换个角度想，你是不是留下了最应该留下的人？其他的人离开就离开好了。而且在我看来，我在这个企业里，不是我成就了员工，而是员工成就了我。在我的能力范围内，我做了我能做的，没有对不起大家，至于好与不好，自有公道。每个人，一定都会找到属于自己的位置。

战略是利润与速度的平衡艺术

记者：国内第一个进入经济型酒店领域的品牌是锦江之星，如家在 5 年之后（2002 年）才进入这个领域，但现在已经超过前者成为了行业老大。2008 年，如家又推出了中高档品牌"和颐"，我们想了解的是，您怎么看待和把握进入一个新兴市场的时机、速度？

孙坚：企业发展过程当中你必须要看清每个阶段，每个阶段当中运营的策略是不同的，关注的重点也是不同的，比如过去 10 年，我们是在高速发展，拥有 1700 家店，这种市场地位已经不可被改变了，这个时候我就要考虑，是不是还要继续这种速度发展？当市场规模发展到多少家的时候，你会开始有议价能力？现在来看，我们的议价能力还不是那么强，那就要思考是不是还要继续投资？以什么样的速度投资？对速度的发展和利润的产出，要做平衡。在我们这个行业，每个酒店都是赚钱的，所谓的不赚钱是因为我还在不断地投资发展很多新店，新店是需要你在利润上作出牺牲的，我要控制这种牺牲度，控制了牺牲度，利润就上来了，但发展也就变慢了，那这种速度变慢会不会造成企业在行业大局上的变化？思考和回答这些问题，就是企业战略。

先把格局搞清楚，看清楚自己的位置，以及想清楚自己要达到什么样的位置，这个位置的赢面和输面分别是什么，然后在企业发展的不同阶段你需要不同的策略，其实都是控制。这样控制就速度很快，那样控制就利润很高，这是一种平衡。

记者：这是短线和长线的平衡问题，如家是上市公司，投资人要看到利润，他们会给你很多压力吗？

孙坚：我到美国去，利润好的时候，投资者就说你怎么开这么少的店？利润一下降，他们就说你怎么还开这么多店？不要开啦！他们常常乱指挥，我们自己要有判断。

现在我们是亚太地区最大、世界排名第八的酒店集团，我们希望这种地位保持并不断上升。发展是硬道理，这是主基调，中国的市场还保持很旺盛的需求，所以我还得专注。同时，在未来时间里，中国的中档酒店消费群体扩大，所以我还有其他的机会，要做到事先布局，但不是重点发展。

专注的同时我们还要顾及资本市场的变化，投资者原来看重中国的概念股，看重如家，是看重你开了多少家店，现在他们是看你赚了多少钱，这也是一种变化，我要迎合它。产生利润很简单，我不去开新店，产生的利润就多，这时候我又要反问自己，如果我不开新店，会不会影响我最大的目标？我现在的工作就是把它平衡到不影响我最大目标的利润最大化。

假如某天哪两家同行公司合并了，产生了一家新的公司，规模大过我，那我就要把利润暂时放弃，重新赶规模，兼并公司或者开新店。

经营公司就是这样。这些东西大家都一样的，但做什么事情，哪个时间点做，做到什么样的力度，是不一样的；方向不要错，节奏不要错，踩得越准，爆发得越好。

记者：除了如家之外，你们还在经营和颐，这个是怎么规划的？

孙坚：兼并莫泰 168 对我们的市场地位起到很大的稳定作用，另外它的物业也有很大的价值。在如家开到 1000 多家店的时候，也想发展多品牌，拿到一个成熟的品牌对我们来说也是一个很好的发展契机。不排除未来会有第三家的并购。

我们想发展中高端商务酒店，推出了和颐，这更多的是因应市场需求，现在有 10 家，2013 年可能会到 15~20 家。这个品牌目前还在孕育阶段。对我来说，发展得快不是问题。至于未来是不是要做高端的产品，这个还需要时间考量。看十年的目标，五年的机会，然后做两年的准备，这是我的方式。

记者：您刚提到并购莫泰 168 的价值考量，还有发展和颐的考量，公司里面是不是有一组特别擅长精算的人在做这些事情？

孙坚：我们其实是一个蛮扁平的组织。真正的核心决策层只有四个人，其中一个就是我；一个 CSO（Chief Security Officer，安全主管），他在华尔街做过，擅长在资本市场做财务模型；一个 CFO（Chief Financial Officer，财务总监），他是从 GE 过来的，擅长业务管理、业务流程；一个 COO（Chief Operational Officer，首席运营官），他是零售连锁出身，对整个运营体系的构架很擅长。此外就是很得力的董事会，沈南鹏、梁建章，他们会在方向上做一些把控。

CEO

附　录

孙坚的学习和管理秘诀

1. 学习首先要学会三样东西

曾国藩教弟弟曾国荃读书，推荐他选择三种类型文章：一是传世佳作，用来奠定人的价值观，明晰是非对错，不被迷惑。二是写得好的议论文，用来学会分析事理，提升思辨能力。三是华丽的小散文，用来提高人的品位，活出点情趣来。孙坚的学习经验与之有异曲同工之妙：

（1）明确主业，不做机会主义者。作为企业家到大学演讲，曾有学生问孙坚："我们在学校是学习重要，还是搞关系、去外面实践重要？"孙坚的回答是："你问问自己你的主业是什么？"

在孙坚看来，世界上的道理都是相通的，做商业的思维和做学生的思维是相通的，做公司都有自己的主营业务，做学生也一定有自己的主业，就是学习。不要轻信在校园里瞎说的企业家，因为他们的成功很多是因为机会，一个人的机会不等于任何人都通行的逻辑，不具有普适性。

（2）常思考碎片信息之间的逻辑。信息本身是没用的，让他们互相成逻辑关系，再结合每个人自身或企业自身的状况，这才是有用的。

学习不要急于求成，"沐浴"得久了，不断地验证或更正旧识，到一定阶段力量自然会显现。

（3）教育小孩，掌握三样东西就足够。孙坚教育自己的孩子，不用学太多东西，有三样就够了。首先是价值观、理念，什么是善恶，什么应该取，什么应该舍。其次是逻辑，以后这会成为一个人认识问题的框架，很多人都人云亦云，就是因为没有自己的思考逻辑，尤其是在网络出现之后。逻辑在哪里？可能就在你现在最恨的书里：哲学、行为学、心理学等。最后，永远地乐观、开放。人生其实就是一场临时把控，靠的就是这些基础的东西。

2. 空降兵带兵术

2005 年，孙坚从百安居空降到如家任 CEO。在中国，CEO 空降的成功率非常低。孙坚在如家 CEO 的职位上任职了七年，关于如何融入一个团队进而成为有号召力的领导者，孙坚的经验是：要搭桥，而不要拆墙。在国际的、现代的和民营的、粗犷的之间搭建桥梁。能够结合得越好，就越能让董事会满意，也越能够捏合团队。

（1）上任三句话表明态度。空降如家，孙坚第一次面对团队讲了三句话：第一，你们是一支优秀的团队，经济型酒店这么创新的产品你们已经做起来了，还开了 20 家分店，这已经证明你们是成功的。第二，我刚刚来，我也不懂，但我愿意跟你们一起学，未来做得更好。第三，企业发展的不同阶段，需要不同的人，这句话不仅适用于你们，同样适用于我，今天我来了，或许三五年里我做得很好，但不能证明 30 年、50 年我还能做得很好。

但我一点都不担忧，因为我就是适应这样一个阶段的这样一份工作，所以我来了。

（2）尊重创业团队，忌眼高手低。一些空降的管理者，在 500 强企业做过，看人就觉得谁都不行，孙坚认为，那是因为他没做过，你给他做两年，他照样也会做。空降兵刚开始在 500 强企业做的时候也总被骂。有些人总想着把眼前的一批人砍掉，再换一批，其实换一批可能还不如前一批。在孙坚看来，没经验的人缺的是机会，尤其是创业团队的人，他们对企业的忠诚是不可小视的成长力量。

（3）要证明自己，而不是做救世主。在零售业的工作经验，让孙坚想到把零售业最成功的供应链概念引入酒店业，打造出中央客源系统。这个系统要求每个酒店不管好不好，必须拿出 20%～30% 的房源给孙坚，让他去做平台营销；同时，不管酒店生意好不好，必须要拼命卖会员卡。刚开始，推行这些内容的阻力很大。下面的人想：客人进来了，本来可以全价卖掉的，你非要给他一张卡，可以打九八折、九二折，不是有病吗？哪有这么做生意的？大家不理解。半年以后，中央平台营销的能量显现了：当公司到其他地方开新店，被"灌进"公司客源系统的客人直接就成了新店的客户。于是，员工慢慢就理解了孙坚的作为。

所以，孙坚建议不要太担心跟下面的人解释不清，推行新政时就告诉他们：去试试看。作为空降兵要证明自己，但是不要有救世主心态。

（4）满口 ABC，不如亲自示范。不要满口战略、满口 ABC，大家不懂的。

如同教练教学员倒车，与其跟他们讲先看这个镜，再看那个镜，哎呀你怎么这么笨……不如你下去倒给他们看，你一把倒进去，倒得笔直，首先团队心里服你，这时候你再跟他们说怎么怎么倒，告诉他们做好哪两点可以做得更好，他们学得才最快。

（5）心态要好。干活总是会有阻力，会有困难，会犯错，不要计较这些东西。犯错了最多改错，董事会如果不给犯错机会大不了换其他地方。心态要好，弹性要强。

3. 管理就是胡萝卜加大棒

一个区域每年要开50家新店，人从哪里来？你不能问总部要，总部只负责架框架。你想一年少开一些店、慢一点，那我会告诉你，你有指标，你一年一定要开够多少家店。店长能不能升官还要看你地盘有多大，要多开店就需要人，就要把人培养好。这些都是环环相扣的。

从公司的层面讲，企业的水要活，最大的驱动是竞争机制，对如家员工来说，前面的胡萝卜是职业上升通道；当中企业给的是养料，就是企业大学的培训；后面是惩罚的大棒，就是考核机制。管理者做的事就是搭建这么一个框架，制定这么一个游戏规则，然后做支持的工作。

胡萝卜 （职业上升通道）	大棒 （考核机制）	养料 （培训跟进）
大区经理		每年1~2次在职培训，有区域层面，有集团层面，每期12~13天。 优秀店长班：项目式、课题式培训，培养综合能力。Eg：未来价格战略、市场战略。
区域总经理 （管理4~5位资深店长）		
资深店长 （管理15~30家店）		
优秀店长 （管理2~3家店）		
酒店总经理（店长）		
	1. 内部提升 2. 外招	总经理培训班： 1. 内部提升者，参加为期40天的管理标准流程培训，10~15天的酒店实习； 2. 外招者，参加为期80天的脱产学习，包括30天的基本技能学习，40天的管理标准流程培训，10~15天的酒店实习。
驻店经理（可以独立管一家店，但还有待锻炼）		
	每年两次人才"盘点"，送入集团层面评估。60%左右的运营经理能获得驻店经理资质，待新店新岗位出现时，经过培训后上岗。	驻店经理培训班： 为期15~25天，教材由集团企业大学提供，具体培训由各区域的培训经理负责。
运营经理		
	每家酒店每年进行两次人才"盘点"，送入区域层面评估。60%左右的主管能获得运营经理的资质，待新店新岗位出现时，经过培训后上岗。	运营经理培训班： 为期14天。教材由集团企业大学提供，具体培训由各区域的培训经理负责。
主管		
	主管考察，看工作表现。	
底层员工		

方太厨具董事长茅忠群
二代当家青出于蓝

　　宁波方太厨具有限公司（以下简称方太）创建于1996年，始终专注于高端嵌入式厨房电器的研发和制造，致力于为追求高品质生活的人们提供具有设计领先、人性化厨房科技和可靠品质的高端嵌入式厨房电器产品。"方太"商标被国家工商总局商标局评为驰名商标。在第三方进行的"中国消费者理想品牌大调查"中，蝉联"2010中国消费者第一理想品牌"称号，蝉联"中国公司品牌调查"厨电占有率第一名，品牌知名度、忠诚度、预购率等多项指标均稳居行业第一，在高端市场的占有率达到30%以上。荣膺厨电行业的首个全国质量奖，并一举拿下浙江省政府质量奖。

　　茅忠群：1991年毕业于上海交通大学，获电力系统自动化专业、无线电技术专业学士学位；1994年获电子电力技术专业硕士学位；2002年毕业于中欧国际工商管理学院，获工商管理硕士学位。1996年1月创建方太，任总经理至今。被《经理人》评为"中国十大新生代企业家"。

方太从 1996 年创立至今，在中国厨房电器领域一直是产品引领者，产品价格甚至超越了德国西门子品牌的欧式吸油烟机，一举从价格战的围攻中解脱出来。直到今天，走进厨房电器的卖场，吸油烟机依旧呈现中式直吸和欧式侧吸两大阵营。

方太一直致力于研发投入，每年研发投入占销售收入的 5% 以上。方太拥有包含厨房电器领域顶尖专家在内的研发人员近 200 名，设立获国家实验室认证的电气实验室、燃气实验室，以及行业内首个国家认定企业技术中心。获得的 400 多项专利，其中 42 项发明专利为独立研发专利，另外有多款产品取得国家级新产品称号。

2010 年度德国"红点"设计大奖获奖名单揭晓，方太、奔驰、联想等产品榜上有名，其中方太 O-Touch 光影 6 系中的两款产品——灶具 JZYT-HLCB 和消毒柜 ZTD100F-C2 双双获奖，这是方太继 2009 年在中国厨电企业中第一个获此殊荣之后，连续第二年将这项象征国际工业设计界最高荣誉的奖项揽入怀中。

2012 年元月，位于上海桃江路 8 号总投资 8000 万元人民币的 3000 平方米的方太顶级厨电馆投入使用，这又是方太顺应新时代营销理念的发展趋势而进行的一次全新尝试。

专注才能带来稳定增长

记者：方太顶级厨电馆内有个口号叫：精工细作的现代工业。这个概念在很多细节上诠释得很圆满，体现出方太走高端品牌的战略规划。您当时提出这样的口号是基于什么想法呢？方太为何会选择高端细分市场？

茅忠群：我们在市场的调研中，发现厨卫家电的高端市场没有一个中国自己的品牌，我们就想方太能不能成为中国第一个高端的厨卫家电国产品牌。目标确定后，我们就提出了三大定位：专业化、高端化、精品化。专业化就是我们起步的资金比较小，要把油烟机做好就要专注这个领域。高端化就是做高端品牌，而这可能意味着要放弃广大的中低端市场。第三个就是支撑高端品牌最根本的基础，就是产品。必须是精品，一定要精益求精，精工细作。

记者：能否总结一下，为什么在国内市场，方太可以打败西门子？这

种经验在海外市场是否仍然有效？

茅忠群：在海外肯定要困难很多。中国市场方太能成功，主要还是厨卫家电行业的特殊性。这个行业的最大特点就是东西方烹饪方式不一样，德国西门子积累了一百多年的经验和技术到中国完全用不上。我们比它更有经验，更具有技术优势，当然，这也是因为我们自己的努力与专注。而其他很多的行业，核心的技术都掌握在国外大公司手上，你要做成高端品牌是几乎不可能的事情。

记者：十几年下来，在未来家卫厨电技术创新或思路上有哪些想法？

茅忠群：从油烟机、灶具来看还没有完全满足消费者的需求，这需要人们持续的努力。其他的呢，我们目前想到的是做一些符合中国传统烹饪方式的产品。比如说蒸，不同的菜系里面，蒸都很重要，在当下追求健康环保的环境下，蒸应合中国厨房将来的方向，我们也在研究怎么让适合中国厨房的这种烹饪模式更现代化，做出有品位的厨电。

记者：方太很注重科技创新，那么在研发方面有哪些投入？

茅忠群：我们有厨具行业的第一个国家级企业技术中心。

记者：在科技方面是怎样的定位？

茅忠群：这个看消费者的需求。比如，我们在承担"十一五"国家科技支撑计划的课题研究时，科研人员通过将油烟机排烟过程进行分解，对每个环节进行技术创新，寻找高效与低噪的契合点。在提高排烟效率基础上，达到减少噪音污染的目的，创造出了方太"高效静吸"解决方案的核心理念。此后，我们不断对"高效静吸"技术进行升级。最新的高效静吸科技第 II 代，增加了自动巡航增压模式，能自动感应公用烟道中的压力变化，当烹饪高峰时段公用烟道中压力过大，造成吸油烟机有效排量不足、流动不畅的情况，它就会自动加速加压，最大风压可达 350 帕，有效应对排烟阻力，时刻保持最佳有效排量。

记者：未来 5~10 年发展的重心在什么地方？

茅忠群：在厨电领域开发出适合中国人的新型厨房电器，这需要创新，我们也一直在研究。

记者：有没有未来的实验室这样的机构？

茅忠群：类似的也有，不过规模和技术普遍较低。

记者：中国创造业一直在讲创新，抗复制方面是如何去做的？

茅忠群：还是申请专利。

记者：有个说法，说目前中国整个经济停滞，方太如何应对？

茅忠群：在这样的环境下我们还是要确保一定的增长。这有很多的方法，如加大新品开发的力度，通过新品上市获得更高的销售收入。另外，我们过去相对集中在一二级市场，三四级市场比较少溉，现在可以加快步伐，因为现在富裕的人群比较多，这些县级市，我们都可以做到四五千万元的营收。此外还可以做一些新兴的渠道，比如说精装修，或者说电子商务渠道。

家族企业交接班分三步走

记者：关于家族传承，作为创二代，您是比较成功的典型，对家族型管理方面，您感觉有哪些困惑或机遇？您觉得这方面又可以有哪些作为？

茅忠群：现代家族型企业有两个特点：一个是产权绝对控股，还有一个是采用现代化管理。从管理的角度看，这些都是互通的。

记者：您是双重身份，既是家族的利益代表者，又是CEO。您跟您父亲中间有没有一个过渡期，前面是分工不同，后面则是您父亲逐步退出的过程？

茅忠群：对方太而言，我跟父亲是共同创业，不同于一般的交接班。我们有比较明确的分工，我主攻业务方面，父亲负责与外围的关系、内部的企业文化、政治思想工作建设方面。10 年前我父亲就退居二线了。

记者：您父亲是如何看待企业交接班问题的？

茅忠群：多年前，我父亲曾经在江西财经大学就"民营企业的机制创新和品牌建设"为题作过一场演讲，充分表达了他的观点：家族企业交接班，应该分三步走，也就是大胆交（带三年）、坚决交（帮三年）、彻底交（看三年）。我 1994 年毕业回家，2002 年正式主持方太全面事务，前后差不多经历九年时间。在 1994 年，我们父子曾经有次关于企业未来经营方面战略和人事决策的碰撞，我当时正式向父亲摊牌，并约法三章：第一，另起炉灶，重新成立一个独立的品牌，在脱排油烟机这个领域自己创业；第二，重新挑选员工，亲戚不能进入；第三，关于方向性的决策，要由我说了算。父亲虽然经验老道，似乎也无法抗拒我这个"初生牛犊"的创业热情和锐气；同时他相信学理工科的我很理性，其判断并非来自冲动和喜好，于是便无条件接受了我的条件。不久，还将公司从农村搬到城里。

记者：在这些很强硬的要求中，处理亲情关系应该是最难的吧？那当年您父亲是如何安抚那些"老人"的呢？

茅忠群：对于当年从管理团队退出的人，父亲的方法是在方太外围创办了六个协作厂，交由他们掌管。这些协作厂直接参与市场竞争，与方太只有业务上的联系，没有产权上的联系。通过这种办法，保证了创业元老的利益。

记者：这么些年来，在企业管理经营决策方面，您和您父亲有没有过比较激烈的冲突？

茅忠群：印象最深的有两次，一次是 1995 年在选定了油烟机项目，需要确立一个长远的品牌名称的时候。父亲执意要沿用"飞翔"品牌，一是基于经营多年的感情，二是飞翔集团已全类注册，什么产品都可以生产。如果另外注册一个商标，少说也要拖半年。但我那时表现出了前所未有的坚持，坚决反对用老爸的品牌。由于"飞翔"品牌辨识度不高，必须另外启用一个独立品牌，并且要有厨房的感觉。我当时提出"方太"的时候，公司上下居然 90% 的人都反对，但我坚持己见，不惜和父亲大吵一架。结果双方僵持了整整三个月后，最后我是联合母亲说服了父亲。另一次是 1999 年，那时候方太刚从高速增长期脱离，企业发展进入了瓶颈期。而此时市场上 30 多家企业联手，掀起了脱排油烟机市场价格战，脱排油烟机价格一度滑落到 200 元左右。那时候我选择了不跟风降价，之后连续五个月，方太销量没有转机，各地销售代理急了，直接找上了父亲。父亲出面和我沟通，希望我能适当把价格降下来。但我顶住了压力，坚信自己的判断，最终说服了父亲。

记者：家族企业交接班，往往会带来内部不稳及中高层的动荡，但方太似乎并没有这类情况？

茅忠群：这主要和我以及我父亲对家族企业的相关理解有关吧，从一开始就打好了"预防针"。

我父亲一直很谨慎处理家族和企业之间的关系，他有个著名的口袋理论：在第一代企业家面前，有两个口袋，父亲和儿子是一个口袋的利益；除此之外的家族关系，包括父亲与女儿的关系，都是另外一个口袋的利益。因此，我父亲在创业之初就定下了规矩，亲戚可以进入公司工作，但不能担任车间主任以上的职务。当年我四叔下岗待业，希望进入公司担任干部，父亲顶着奶奶的压力坚决拒绝了。

记者：在中国这个发展速度超快的市场经济下，家族企业还有生存土壤吗？

茅忠群：方太是现代家族企业。所有权是家族的，管理是完全现代化的。管理层当中，也没有什么家族成员，从长远来讲，更具竞争力。国外很多企业都是家族企业，上市后股权只剩百分之几，再由董事会聘用一个职业经理人经营。这样的企业没有真正的主人，毕竟职业经理人也有任期，不会为企业的长远考虑，可能就想到5年、10年。如果10年、20年后这件事情才对企业有影响可能就不做了。

记者：在创二代、富二代以及国内企业家群体当中，您最欣赏谁？

茅忠群：从某一个角度或单方面来讲，有很多人，联想的柳传志、华为的任正非、远大的张跃，等等。张跃在环保方面特别有追求，他身上

有很多亮点。

记者：像联想的柳传志把企业传给了杨元庆，没有传给自己的儿子。国内很多企业第二代的传承都还是一个问号，你怎么有？

茅忠群：家庭企业传承在国外都经历了几百年了，最久的有上千年传了，已经有了一些方法，首选还是自己的小孩。如果孩子没能力或者没有兴趣接班，就找一个干儿子或者是女婿，这在日本比较流行。如果还不行，欧美的话就是请职业经理人，自己的后代不进入到执行层，只是在董事会。再退一步可能连董事会都不进，只是设一个基金，保证他的生活但不干扰企业的发展。

将儒家教育贯彻到企业经营中

记者：关于成就感每个人有不同的定义。作为一个推崇儒家文化的企业家，您是怎么看的？

茅忠群：做企业，有两类。90% 以上做企业的追求利润跟规模，西方也是这样的价值观；还有一种就是自己有非常鲜明的使命、愿景跟价值观，而不光是追求利润和规模。方太属于第二类。我们企业所有的行为，都是朝着使命和愿景而前进。一开始我们的愿景就是做一个国产的高端品牌。到 2002 年前后，我们完善了公司的使命和愿景。如今方太的使命是

"让家的感觉更好"，愿景是打造受人尊敬的世界一流企业，我们的行为都是受这两个目标引导。

记者：多年来方太推行以儒家思想治理企业，除了将儒家思想在理念宣教上通过读经行为和孔子书院这种形式表现出来，在具体的企业管理制度践行方面有什么举措？

茅忠群：具体体现的方面很多，近两年全员实行的"身股制"是最大的落地。借鉴儒家强调的仁义平衡、做事讲究合理合宜的思想，推出参考近代晋商成功的"顶身股制度"的"身股制"。我们会根据每个员工的工作情况和岗位价值、个人绩效、团队贡献等设定一个基数，工作两年以上的员工就可以享受"身股制"分红。企业日常的生产、销售各个环节的状态和每个员工的年底"身股制"分红直接挂钩，通过让不同岗位、不同级别的员工持股，使其归属感增强了，日常的行为规范了。"做企业是为了实现使命和愿景，赚钱只是附带的结果，使命愿景驱动，力量无穷，无论什么决策，回到使命和愿景就很简单。"这就是"身股制"实行的初衷。

记者：平时有什么爱好？

茅忠群：看书，学学中医（自学为主没有拜师）。

记者：您平时喜欢读哪些书呢？

茅忠群：早年是学西方管理，后来学国学。因为文科要补课，到清华、北大学了好多年。中医的书因为在自学，也看了很多。

记者：您平时的运动方式是什么？

茅忠群：运动很少。传统观点认为动静有一个平衡点，运动可以保证健康，但是不动也可以长寿。

记者：您看中医方面的书，那么您的心态跟管理因此会有什么变化吗？

茅忠群：我写的小文章里，中医方面写得蛮多的。中庸之道是寻找一个平衡点，中医也是这样，阴阳不平衡就不健康。整体观念而言，西医只是在出事的范围内解决，不考虑其他的，中医则是整体考虑，是系统性的。

比如说血压高，西医只是降血压，从来不问血压为什么高。中医会分析为什么血压高呢？可能是血管壁里的脂肪层很厚，神经末梢血液、营养供不到了。人体是非常高度智能的组织，通过自动调整血压，把营养等送到末梢，是正常反应。那么脂肪为什么会多呢？进一步会发现，是因为脾胃比较弱，这就找到了根本了。

记者：除了自己坚持国学学习外，您似乎还将国学精髓与企业管理、企业制度相结合，创造出了一套方太特色的企业管理制度？

茅忠群：企业管理，核心还是做人，自然就应该遵循儒家思想。最关键是怎样让员工发自内心地认可儒家思想，然后变成一种习惯。企业都有自己的口号，但有多少员工把这个记在了心里，这个才是最重要的。这一方面要坚持不懈地去做，另一方面要有有效的方式，不能让员工反感。目前我们做的效果还不错。几年前，各部门自动形成了在上班前15分钟读经时间，读些《三字经》、《论语》。时间一长，人就发生变化了。有一位在全球推行幼儿读经教育的台湾老师叫王财贵，他告诉过我一件事情，我们的一个女工读了100遍《论语》之后，整个人气质都变了。的确，在持久的经典著作的熏陶下，会有这样的变化。具体有什么表现呢，企业内部前十年学的都是西方管理，制度是非常清晰的，员工手册都分成三类，最严重的是A，要开除的；C是比较轻的，迟到罚个款就行了。如果用儒家思想管理就不会这样。儒家思想重视教育，如果通过教育让大家不犯错误是最好的。所以当时我们决定，C类罚款取消，变成教育。从2009年开始的统计，企业的违纪事件数量每年下降50%。

记者：读经这块已经贯彻到了企业的中层，那么生产一线是否也得到了贯彻？

茅忠群：车间也有读经教育，但相对于销售一线没有那么严格。我们觉得教育不能强制，得自愿。现在都是通过标杆和模范员工示范这样去推，不是强制的。

记者：方太的官网上有三个社会责任以及相关细则，您为什么要设这个概念呢？

茅忠群：是一个很大的体系。中国企业很长一段时间都理解为捐款，做点公益而已。我在学国学的过程中，随着逐步深入并结合西方社会责任概念，认为可以分两类。一类是法律责任，另一类是道义责任。法律责任是0~60分，道义责任是60~100分。西方社会注重制度，大家都遵纪守法。但在中国，因传统文化对法制观念不是很强调，大家很容易忽视。法律责任其实很明显，虽然多，但我们只取了四个作为典型。第一个是产品的责任，对顾客的安全负责，这是起码的法律责任。第二个是员工责任，符合劳动合同法是最根本的要求。从2008年1月1日开始我们全面按照劳动合同法要求去规范劳动用工。第三个是环保的责任。第四个是纳税的责任。与企业要求非常多的公司比，我们只列了这四个典型出来。而道义责任就是除了基本责任之外的追求，比如说公益、商业道德等，你跟相关方是否以共赢的理念去开展业务，还有就是文化传播。此外，我们还补充了一个发展责任。对企业来讲，不发展也是不负责的，企业不发展就是倒退。不发展，员工工资也不能涨，会出一系列的问题，如果破产对社会来讲是很大的负担。

C E O
附　录

茅忠群的经营理念

1. 现代家族型企业，有两个特点。一个是产权绝对控股，还有一个是采用现代管理制度。

2. 我们尽可能选择与我们价值观相近的供应商和销售商，从而保证产品在供、产、销全线的效率、品质、速度。

3. 不上市、不打价格战、不欺骗，是方太秉承的著名"三不"企业经营原则。

4. 我们说"中学明道、西学优势，中西合璧"是我们一个大的方向，不是说我们推广传统文化就要排斥西方的管理，人类一切优秀的成果都要为我所用，不能有派别之分，关键在于如何结合。